Die ungeheure Verschiedenartigkeit der Pflanzen und Tiere

Darwin für Kinder und Erwachsene

Ausgewählt von
Volker Mosbrugger
Illustriert von
Hans Traxler

Insel Verlag

© Insel Verlag Frankfurt am Main und Leipzig 2008
Alle Rechte vorbehalten, insbesondere das der Übersetzung,
des öffentlichen Vortrags sowie der Übertragung
durch Rundfunk und Fernsehen, auch einzelner Teile.
Kein Teil des Werkes darf in irgendeiner Form
(durch Fotografie, Mikrofilm oder andere Verfahren)
ohne schriftliche Genehmigung des Verlages reproduziert
oder unter Verwendung elektronischer Systeme
verarbeitet, vervielfältigt oder verbreitet werden.
Lithografie: Schwab Scantechnik, Göttingen
Druck: Offizin Andersen Nexö, Leipzig GmbH
Printed in Germany
Erste Auflage 2008
ISBN 978-3-458-17412-7

1 2 3 4 5 6 – 13 12 11 10 09 08

Darwin für Kinder

Liebe Kinder und neugierige Kinderfreunde,

Ihr seid natürlich alle schon einmal durch eine bunte Frühlingswiese gegangen und habt die vielfarbige Blütenpracht bewundert, habt gesehen, wie Schmetterlinge und Bienen auf der Suche nach Nektar von Blüte zu Blüte fliegen; vielleicht habt Ihr auch Vögel beobachtet, wie sie ihr Nest bauen, Eier ausbrüten und ihren hilflosen Nachwuchs rührend füttern und aufziehen; natürlich seid Ihr alle auch schon von Schnaken oder Wespen gestochen worden, und möglicherweise hat die eine oder der andere von Euch auch etwas Angst oder Ekel vor Spinnen oder Nacktschnecken.

Aber habt Ihr Euch – oder Eure Eltern – auch schon einmal gefragt, warum es so viele Tier- und Pflanzenarten gibt, und zwar nicht nur solche, die wir mögen und die für uns nützlich sind, wie Kaninchen oder Kühe, sondern eben auch Tiere und Pflanzen, vor denen wir uns besser in Acht nehmen, wie Skorpione oder Tollkirschen? Habt Ihr schon einmal darüber nachgedacht, wie diese schöne, und doch auch immer wieder bedrohliche Natur mit ihrer überbordenden Fülle an Arten, Farben und Formen entstanden ist? Diese und ähnliche Fragen beschäftigen die Menschen seit Jahrtausenden, und viele, viele kluge Köpfe haben versucht, darauf eine Antwort zu geben. Aber erst der englische Naturforscher Charles Darwin, geboren 1809 und gestorben 1882, hat die wissenschaftliche Lösung gefunden: Sie heißt »Evolution« und »Natürliche Zuchtwahl«.

Charles Darwin war ein Genie, aber wohl keines von der

üblichen Sorte. In der Schule eher durchschnittlich und schnell gelangweilt, hat er sich von Kindheit an für Tiere und Pflanzen, und vor allem für die Jagd interessiert. Sammeln und Naturbeobachtung waren seine Leidenschaft, an einer »richtigen«, grundlegenden Ausbildung war er nicht interessiert. Zuerst sollte er Arzt werden, fand die Operationen aber so grausam, dass er dieses Ziel aufgab und – auf Wunsch seines Vaters – dann Religion studierte, um Pfarrer zu werden. Dieses Studium hat Charles zwar abgeschlossen, zog es aber vor, einem Angebot zu folgen und als Naturforscher auf dem Vermessungsschiff »Beagle« mitzufahren und die Welt zu umrunden. Diese Reise dauerte von 1831 bis 1836 und war, wie Charles Darwin selbst schreibt, »das bedeutungsvollste Ereignis in meinem Leben«. Man muss sich vorstellen: Vor über 170 Jahren, als es noch keine Autos und Flugzeuge gab, hat Charles Darwin im Alter von 22 Jahren seine fünfjährige Weltreise begonnen, exotische Tiere und Pflanzen, faszinierende Landschaften und Völker kennengelernt, viele Abenteuer überstanden, aber auch heftig unter Entbehrungen, Krankheiten und Heimweh gelitten.

Wieder zu Hause, begann Darwin mit der wissenschaftlichen Auswertung seiner Weltreise. Sein Hauptwerk »Die Entstehung der Arten durch natürliche Zuchtwahl«, das 1859 erschien, zeigt überzeugend, wie alle Pflanzen und Tiere im Laufe von sehr langen Zeiträumen von Millionen von Jahren schrittweise entstanden sind und daher auch in unterschiedlichem Grad miteinander verwandt sind. Ihm gelang so ein sensationeller Durchbruch in der Wissenschaftsgeschichte und Naturforschung: Eine uralte Frage der Menschheit war zumindest in den Grundzügen gelöst!

Nicht alle Leser haben sich über Charles Darwins »Evolutionstheorie«, seine wissenschaftliche Erklärung der Entstehung der Vielfalt des Lebens gefreut. Vor allem die Kirchen sahen darin einen Angriff auf die Religion, da doch der biblische Schöpfungsbericht eine andere Geschichte der Entwicklung des Lebens erzählt. Charles Darwin und seine Freunde sind daher zum Teil sehr heftig und unfair angegriffen worden. Heute ist diese Auseinandersetzung zwischen Religion und Evolutionstheorie weitgehend — aber leider noch nicht völlig — beendet: In der Wissenschaft ist die Evolutionstheorie allgemein akzeptiert; in der Religion hat sich die Erkenntnis durchgesetzt, dass der Schöpfungsbericht der Bibel nicht wörtlich zu verstehen ist. Charles Darwin selbst schreibt, dass er sich nicht vorstellen kann, warum seine Erklärung der Entwicklung des Lebens religiöse Empfindungen verletzen soll.

Mit seinen Arbeiten und Erkenntnissen hat Charles Darwin unser Welt- und Selbstverständnis revolutioniert wie kein anderer Wissenschaftler vor oder nach ihm — wer hätte das damals von dem 22-jährigen Jungen erwartet, der 1831 sehr zum Kummer seines Vaters zur Weltreise mit der Beagle aufbrach? Charles Darwin war aber nicht nur ein wissenschaftliches Jahrhundertgenie, sondern offensichtlich auch ein äußerst liebenswürdiger Mensch, Ehemann und Vater. Es gibt warmherzige Erzählungen seiner Kinder über ihn, aber auch anrührende Schriften von Charles Darwin über seine Familie.

Diesen außergewöhnlichen Charles Darwin wollen wir Euch mit ausgewählten Schriften aus seinem umfangreichen Werk und mit den Bildern von Hans Traxler vorstellen. Ihr werdet ihn erleben als pfiffigen Lausbuben, als neugie-

rigen, ewig seekranken Abenteurer oder als sorgfältig beob-
achtenden Wissenschaftler, der sich, ohne es zu wollen, mit
vielfältigen Kritikern auseinandersetzen muss. Immer aber
ist Charles Darwin zutiefst menschlich und sympathisch
– zumindest für mich.

Einige der Begriffe, die Darwin verwendet, und einige der
Orte, die er bereist hat, habe ich in eckigen Klammern erläutert; im Personenverzeichnis am Schluss des Buches findet
Ihr die Namen von Personen, vor allem von Wissenschaft-
lern, mit denen Darwin Kontakt hatte.

Übrigens: 2009 ist das Darwin-Jahr. Dann jährt sich zum
zweihundertsten Mal sein Geburtstag und zum hundertfünf-
zigsten Mal das Erscheinen seines Buches »Die Entstehung
der Arten«.

Ich wünsche Euch viel Freude bei der Lektüre, vielleicht
seht Ihr danach die Natur bei Euren eigenen Spaziergängen
und Abenteuern auch mit etwas anderen Augen.

Euer

I

Charles Darwin muss eine glückliche Kindheit und Jugend verbracht haben. Offenbar hasst er nichts mehr als Langeweile. Schon früh nimmt er sich die Freiheit, sein Leben so zu gestalten, wie er es für sinnvoll hält – natürlich nicht immer zum Wohlgefallen seiner Familie und seiner Erzieher. Die folgenden Texte stammen aus seiner eigenen Lebensbeschreibung.

»Und ich glaube, ich war in vielen Beziehungen ein böser Bube«

Ich wurde in Shrewsbury am 12. Februar 1809 geboren. ...
Meine Mutter starb im Juli 1817, als ich wenig über 8 Jahre alt war; es ist seltsam, dass ich mich kaum an irgendetwas in Bezug auf sie erinnern kann, ausgenommen an ihr Sterbelager, ihr schwarzes Samtkleid und ihren eigentümlich gebauten Arbeitstisch. ... Im Frühling dieses Jahres wurde ich in eine Tagesschule in Shrewsbury geschickt, wo ich ein Jahr lang blieb. Bevor ich in die Schule kam, beschäftigte sich meine Schwester Caroline mit mir, aber ich hege Zweifel, ob dieser Unterricht erfolgreich verlief. Man hat mir gesagt, dass ich im Lernen viel langsamer gewesen sei als meine jüngere Schwester Catherine, und ich glaube, ich war in vielen Beziehungen ein böser Bube. ...

In der Zeit, als ich in diese Tagesschule ging, entwickelte sich schon auffallend meine Neigung für Naturgeschichte und ganz besonders für das Sammeln. Ich versuchte, die Namen der Pflanzen zu erfahren, und sammelte alle möglichen Sachen. … Die Leidenschaft für das Sammeln, die den Menschen dazu führt, ein systematischer Naturforscher, ein Kunstliebhaber oder ein Geizhals zu werden, war sehr stark bei mir und offenbar angeboren, da keines meiner Geschwister, weder mein Bruder noch meine Schwestern, je diese Neigung gehabt hat.

Im Sommer 1818 kam ich in Dr. Butlers große Schule in Shrewsbury und blieb dort sieben Jahre bis zum Mittsommer 1825, in dem ich sechzehn Jahre alt war. Ich lebte ganz in der Schule, so dass ich den großen Vorteil genoss, das Leben eines echten Schülers leben zu können; da aber die Entfernung bis zu meinem Vaterhaus kaum mehr als eine Meile betrug, so lief ich sehr häufig in den längeren Pausen zwischen dem Aufgerufenwerden und vor dem abendlichen Zuschließen hinüber.

Ich kann zu meinen Gunsten sagen, dass ich als Knabe human war; ich verdanke das aber gänzlich der Lehre und dem Beispiel meiner Schwestern. Ich zweifle in der Tat, ob Humanität eine natürliche oder angeborene Eigenschaft ist. Es machte mir viel Freude, Eier zu sammeln. Ich nahm aber niemals mehr als ein einziges Ei aus einem Vogelnest, ausgenommen bei einer einzigen Gelegenheit, zu der ich sie alle nahm, aber nicht ihres Wertes wegen, sondern als eine Art Bravourstückchen.

Nichts hätte für die Entwicklung meines Geistes schlimmer sein können als Dr. Butlers Schule, da sie ausschließlich klassisch war und in ihr außer alten Sprachen nur noch ein wenig alte Geographie und Geschichte gelehrt wurden. Dass die Schule ein Mittel der Erziehung sei, war mir ein-

Schon als Schuljunge war Charles Darwin ein eifriger Sammler von Muscheln,
Würmern, Mineralien, Pflanzen und Eiern. »Ich nahm aber niemals mehr als ein
einziges Ei aus einem Vogelnest«, beteuerte er, »ausgenommen ...«

fach unbegreiflich. Während meines ganzen Lebens bin ich außergewöhnlich unfähig gewesen, irgendeine Sprache zu beherrschen.

Als ich die Schule verließ, war ich meinem Alter nach weder sehr weit vorwärts noch weit zurück, und ich glaube, dass mich alle meine Lehrer und mein Vater für einen sehr gewöhnlichen Jungen, eher etwas unter dem mittleren intellektuellen Maße, gehalten haben. Zu meiner tiefen Demütigung sagte mein Vater einmal zu mir: »Du hast kein anderes Interesse als Schießen, Hunde und Rattenfangen, und du wirst dir selbst und der ganzen Familie zur Schande.« Mein Vater, der der wohlwollendste Mann war, den ich je gekannt habe, und dessen Andenken ich von ganzem Herzen liebe, muss aber sehr böse und etwas ungerecht gewesen sein, als er sich solcher Worte bediente.

»Meine Sommerferien wurden gänzlich dem Vergnügen gewidmet«

Da ich auf der Schule nichts Rechtes zuwege brachte, nahm mich mein Vater sehr weise in einem beträchtlich früheren Alter als gewöhnlich von der Schule und schickte mich (Oktober 1825) mit meinem Bruder auf die Universität in Edinburgh, wo ich zwei Sessionen [zwei Jahre] lang blieb. Mein Bruder beendete sein Medizinstudium, obschon ich nicht glaubte, dass er je die wirkliche Absicht gehabt hat, zu praktizieren; ich wurde hingeschickt, um es anzufangen. Bald nach dieser Zeit aber kam ich durch verschiedene kleine Umstände zu der Überzeugung, dass mir mein Vater Vermögen genug hinterlassen würde, um mit einiger Bequemlichkeit davon zu leben, trotzdem ich mir niemals einbildete, dass ich ein so wohlhabender Mann sein würde, wie ich es bin; mein Glaube reichte aber aus, um jede ernste Anstrengung, Medizin zu studieren, zu hemmen.

Der Unterricht in Edinburgh bestand ganz und gar aus Vorlesungen, und diese waren unerträglich langweilig, mit Ausnahme derjenigen über Chemie bei Hope. … Dr. Duncans Vorlesungen über materia medica [Arzneimittel] an jedem Wintermorgen um 8 Uhr haben für meine Erinnerung etwas Fürchterliches. Dr. Monros Vorlesungen über menschliche Anatomie waren so langweilig, wie er selbst war, und der Gegenstand widerte mich an.

Ich besuchte auch bei zwei Gelegenheiten den Operationssaal im Krankenhaus in Edinburgh und sah zwei sehr schwere Operationen, die eine an einem Kind; ich lief aber davon, ehe sie zu Ende gebracht waren. Auch habe ich nie einer weiteren beigewohnt, denn kaum irgendeine Versuchung hätte stark genug sein können, mich dazu zu bringen; das war lange vor der gesegneten Zeit des Chloroform [ein ab etwa 1850 bei Operationen eingesetztes Betäubungsmittel]. Die beiden Fälle haben mich noch viele Jahre lang gequält. Mein Bruder blieb nur ein Jahr auf der Universität, so dass ich während des zweiten Jahres auf meine eigenen Hilfsquellen angewiesen war; das war für mich von Vorteil, da ich mit mehreren jungen Leuten, die die Naturwissenschaften liebten, gut bekannt wurde. … Ich befreundete mich auch mit mehreren der Fischer in Newhaven und begleitete sie manchmal, wenn sie mit großen Netzen Austern fischten, und erlangte auf diese Weise viele Exemplare. Da ich mich aber niemals regelmäßig im Sezieren geübt hatte und nur ein sehr schlechtes Mikroskop besaß, waren meine Versuche sehr ärmlich.

Meine Sommerferien während dieser zwei Jahre wurden gänzlich dem Vergnügen gewidmet, obschon ich immer irgendein Buch bei der Hand hatte, das ich mit Interesse las. Während des Sommers 1826 unternahm ich mit zwei Freunden eine lange Fußwanderung mit dem Tornister auf dem Rücken durch Nordwales. An den meisten Tagen gingen wir dreißig Meilen. ... Die Herbstzeit war dem Schießen gewidmet. ... Mein Eifer war dabei so groß, dass ich meine Jagdstiefel zum Anziehen fertig an mein Bett zu stellen pflegte, wenn ich zu Bett ging, damit ich nicht eine halbe Minute Zeit beim Anziehen derselben am anderen Morgen verlöre. Wie sehr genoss ich doch die Freude der Jagd! Ich glaube aber, ich muss doch halb unbewusst beschämt gewesen sein, denn ich versuchte, mich zu überreden, dass das Schießen beinahe ein intellektuelles Vergnügen sei; es erforderte so viel Geschicklichkeit zu beurteilen, wo das meiste Wild zu finden sei, und die Hunde gut zu führen.

»Keine Beschäftigung machte mir so viel Freude wie das Sammeln von Käfern«

Nachdem ich zwei Sessionen [Jahre] in Edinburgh zugebracht hatte, bemerkte mein Vater, oder er hörte es von meinen Schwestern, dass mir der Gedanke, Arzt zu werden, nicht angenehm sei; so schlug er mir vor, ich solle Geistlicher werden. Er widersetzte sich mit vollem Rechte heftig der Ansicht, dass ich ein fauler, nur Kurzweil treibender Mensch würde, was damals meine wahrscheinliche Bestimmung zu sein schien. Eine Zeitlang bat ich ihn, die Sache doch zu bedenken; ... doch hatte ich andererseits den Gedanken nicht ungern, Landgeistlicher zu sein.

Wenn ich daran denke, wie heftig ich [später] von den Orthodoxen [gemeint sind die sehr strenggläubigen Christen] angegriffen worden bin, so erscheint es mir spaßig, dass ich einmal beabsichtigt habe, Geistlicher zu werden. Auch ist diese Absicht und meines Vaters Wunsch niemals formell aufgegeben worden, sondern ist eines natürlichen Todes gestorben, als ich beim Verlassen von Cambridge als Naturforscher an Bord der »Beagle« ging.

Da es entschieden war, dass ich Geistlicher werden sollte, war es notwendig, dass ich auf eine der englischen Universitäten gehen sollte, um dort einen akademischen Grad zu erlangen; da ich aber, seit ich die Schule verlassen hatte, niemals wieder ein klassisches Buch aufgeschlagen hatte, fand ich zu meinem Entsetzen, dass ich in den zwei dazwischen liegenden Jahren faktisch alles und, so unglaublich es auch klingen mag, selbst ein paar griechische Buchstaben vergessen hatte. Ich ging daher nicht zu der üblichen Zeit, im Oktober, nach Cambridge, sondern arbeitete mit einem Privatlehrer in Shrewsbury und ging erst nach den Weihnachtsferien, Anfang des Jahres 1828, dahin.

Während der drei Jahre, die ich in Cambridge zubrachte, war meine Zeit, was die akademischen Studien anbelangt, ebenso vollständig verschwendet wie in Edinburgh und auf der Schule. Ich versuchte mich auch in Mathematik und ging selbst während des Sommers 1828 mit einem Privatlehrer (einem sehr langweiligen Manne) nach Barmouth; ich kam aber sehr langsam voran. Die Arbeit war mir zuwider, hauptsächlich deshalb, weil ich die Bedeutung der ersten Stufen der Algebra nicht einsehen konnte. Diese Ungeduld war sehr töricht, und in späteren Jahren habe ich es tief bedauert, dass ich nicht weit genug gekommen war, um wenigstens etwas von den großen leitenden Grundsätzen der Mathematik zu verstehen, denn in dieser Weise ausgerüstete Leute scheinen noch einen Extra-Sinn zu besitzen.

Was die klassischen Studien betrifft, so tat ich nichts, den Besuch einiger weniger Zwangskollegien ausgenommen, und dieser Besuch war beinahe nur nominell. In meinem zweiten Jahre musste ich einen oder zwei Monate arbeiten, um das erste Vorexamen zu bestehen, was ich mit Leichtigkeit tat. Ferner arbeitete ich in meinem letzten Jahr mit Ernst und Eifer für mein Schlussexamen für den Grad eines Baccalaureus [der unterste akademische Grad].

Über mehrere Wissenszweige wurden an der Universität öffentliche Vorlesungen gehalten, deren Besuch ganz freiwillig war; mir waren aber die Vorlesungen in Edinburgh so zuwider gewesen, dass ich nicht einmal Sedgwicks beredte und interessante Vorlesungen besuchte. Hätte ich es getan, wäre ich wahrscheinlich schon früher Geologe geworden. Ich besuchte jedoch Henslows Vorlesungen über Botanik und hatte sie sehr gern wegen ihrer außerordentlichen Klarheit und der wundervollen Illustrationen. Henslow pflegte seine Schüler, einschließlich mehrere ältere Mitglieder der Universität zu Fuß oder zu Wagen auf Exkursionen nach ferner gelegenen Orten oder in einem großen Boote den Fluss hinab mitzunehmen und hielt dann über die seltenen Pflanzen und Tiere, die beobachtet wurden, Vorlesungen. Diese Exkursionen waren entzückend.

Aber keiner Beschäftigung wurde in Cambridge mit auch nur annähernd so viel Eifer nachgegangen, und keine machte mir so viel Freude wie das Sammeln von Käfern. Es war die bloße Leidenschaft des Sammelns, denn ich sezierte sie nicht, verglich auch nur selten ihre äußeren Merkmale mit den veröffentlichten Beschreibungen; aber ich bekam auf irgendeine Weise ihre Namen heraus. Ich will einen Beweis meines Eifers mitteilen: Als ich eines Tages ein Stück alte Rinde abriss, sah ich zwei seltene Käfer und ergriff mit jeder Hand einen. Dann sah ich auf einmal einen dritten, noch dazu eine neue Art, dessen Verlust ich nicht hätte ertragen können; ich steckte daher den in meiner rechten Hand schnell in den Mund. Leider spritzte er aber da sofort eine intensiv scharfe Flüssigkeit aus, die mir auf der Zunge brannte, so dass ich gezwungen war, ihn auszuspucken; der war nun verloren, wie es auch der dritte war.

Im ganzen waren die drei Jahre, die ich in Cambridge zubrachte, die vergnüglichsten meines glücklichen Lebens; denn ich hatte damals eine ausgezeichnete Gesundheit und war beinahe immer in ausgezeichneter Stimmung.

»Die Reise der Beagle ist das … bedeutungsvollste Ereignis in meinem Leben gewesen«

Als ich [im Sommer 1831] von meiner kurzen geologischen Tour in Nordwales nach Hause kam, fand ich einen Brief von Henslow vor, der mir mitteilte, dass Kapitän Fitz-Roy bereit sei, einen Teil seiner eigenen Kabine irgendeinem jungen Manne abzutreten, der Lust habe, als freiwilliger Naturforscher ohne Bezahlung mit ihm die Reise auf der »Beagle« zu machen. … Ich will hier nur erwähnen, dass ich sofort darauf erpicht war, das Anerbieten anzunehmen; mein Vater machte aber ernstliche Einwendungen und fügte, zu meinem Glücke, die Worte hinzu: »Wenn du irgendeinen Mann von gesundem Menschenverstand finden kannst, der dir den Rat gibt zu gehen, so will ich meine Zustimmung geben.« Ich schrieb daher noch an demselben Abend und lehnte das Anerbieten ab. Am nächsten Morgen ging ich nach Maer, um für den 1. September [den Beginn der Rebhuhnjagd] bereit zu sein, und während ich zum Schießen ausgegangen war, schickte mein Onkel nach mir und bot an, mich nach Shrewsbury hinüberzufahren und mit meinem Vater zu sprechen, da er es für weise hielt, dass ich das Anerbieten annehme. Mein Vater behauptete immer, dass mein Onkel einer der verständigsten Männer der Welt sei, und gab deshalb sofort in der freundlichsten Weise seine Zustimmung. Ich war in Cambridge ziemlich verschwenderisch gewesen, und um meinen Vater zu beruhigen, sagte ich ihm, dass »ich verteufelt geschickt sein müsste, wenn ich an Bord der Beagle das mir zur Verfügung gestellte Geld vertun wollte«; er entgegnete mir aber mit Lächeln: »Sie sagen mir aber alle, du seiest sehr geschickt.«

Am Tage darauf fuhr ich nach Cambridge … und von da nach London zu Fitz-Roy, und alles war bald abgemacht. Später, als ich mit Fitz-Roy näher bekannt geworden war, erfuhr ich, dass ich sehr nahe daran gewesen wäre, zurückgewiesen zu werden, und zwar wegen der Form meiner Nase! … Er bezweifelte es, ob irgendjemand mit meiner Nase hinreichende Energie und Entschlossenheit für diese Reise besitzen könne. Ich denke aber, er war später davon überzeugt, dass meine Nase falsch prophezeit hatte.

Die Reise der Beagle ist das bei weitem bedeutungsvollste

Ereignis in meinem Leben gewesen und hat meine ganze Karriere bestimmt; und doch hing sie von einem so nebensächlichen Umstande ab wie von dem Angebot meines Onkels, mich dreißig Meilen weit nach Shrewsbury zu fahren, was wenige Onkel getan haben würden, und von meiner Nase. Ich habe stets gefühlt, dass ich der Reise die erste wirkliche Zucht oder Erziehung meines Geistes verdanke; ich wurde darauf geführt, mehreren Zweigen der Naturgeschichte eingehende Aufmerksamkeit zu widmen. Dadurch wurde meine Beobachtungskraft geschärft, obgleich sie schon gut entwickelt war.

Um aber auf die Reise zurückzukommen: Am 11. September 1831 stattete ich mit Fitz-Roy der Beagle in Plymouth einen flüchtigen Besuch ab. Von da ging ich nach Shrewsbury, um meinem Vater und meinen Schwestern für lange Zeit Lebewohl zu sagen. Am 24. Oktober verlegte ich meinen Wohnsitz nach Plymouth und blieb dort bis zum 27. Dezember, als die Beagle endlich die Küsten Englands verließ. Wir unternahmen vorher schon zwei Versuche auszulaufen, wurden aber beide Male durch heftige Stürme zurückgetrieben. Diese zwei Monate in Plymouth waren die elendsten, die ich je verlebt habe. ...

Ein sinnloses Abenteuer

Charles Darwin hat sehr genau die Einwände seines Vaters gegen die Reise mit der Beagle aufgelistet, hier sind sie:

1. Schädlich für meinen Charakter als künftiger Geistlicher.
2. Ein sinnloses Abenteuer.

3. Dass man die Stelle als Naturforscher gewiss vielen anderen vor mir angeboten hat.
4. Und da sie nicht angenommen wurde, müsse es ernsthafte Bedenken gegen das Schiff oder die Expedition geben.
5. Dass ich danach nie mehr ein ruhiges geregeltes Leben führen könne.
6. Dass meine Unterbringung äußerst unbequem sein würde.
7. Dass Du es als erneuten Berufswechsel von mir siehst.
8. Dass es ein nutzloses Unternehmen ist.

Mit 22 Jahren bestieg Darwin das Forschungsschiff »Beagle« und segelte fünf Jahre um die Welt. Er war ständig seekrank, sammelte, beobachtete und zeichnete aber unermüdlich. Den ganzen Rest seines langen Lebens verbrachte er in seiner Studierstube.

II

Die Beagle unter ihrem Kapitän Fitz-Roy hatte eigentlich einen Vermessungsauftrag. Die Weltreise ging von England über die Kapverdischen Inseln im Atlantik nach Brasilien, von dort entlang der Ostküste Südamerikas nach Feuerland; nach Umrundung von Kap Horn folgte die Beagle der Westküste Südamerikas über Chile und Peru nach Norden, besuchte die Galapagos-Inseln und Tahiti im Pazifik; von dort ging es weiter über Neuseeland und Tasmanien zu den Kokos-Inseln und nach Mauritius im Indischen Ozean, nach der Umrundung Südafrikas wieder nach Brasilien und von da zurück nach England. Charles Darwin litt wohl immer sehr unter Seekrankheit; wieder an Land, unternahm er ausgedehnte, abenteuerliche Exkursionen, beobachtete und sammelte mit unglaublicher Energie Pflanzen und Tiere.

Persönliches Tagebuch

In diesem Tagebuch hat Darwin Kurzeinträge notiert, die einfach seine tägliche Beschäftigung, aber eben auch seine Stimmung wiedergeben. Dies sind die wesentlichen Einträge für die Zeit der Weltreise mit der Beagle:

1831

24. Oktober. – Bin in Plymouth [Hafenstadt an der Küste des Ärmelkanals] eingetroffen.

Oktober und November. – Diese Monate waren sehr betrüblich.

10. Dezember. – Wir segelten ab, mussten aber umkehren.

21. Dezember. – Sind erneut in See gestochen, wurden aber [vom Wind] zurückgetrieben.

27. Dezember. – Wir verließen [die Küste] Englands zu unserer Weltreise.

1832

16. Januar. – Habe zum ersten Mal die Tropenküste (Santiago [eine Insel der Kapverden]) betreten.

29. Februar. – Wir legten an der Küste Brasiliens an.

2. Dezember. – Wir legten an der Küste von Feuerland an. –

1833

6. Dezember. – Wir stachen letztmalig vom Rio Plato [südamerikanischer Fluss, der bei Buenos Aires in den Atlantik mündet] aus in See.

1834

10. Juni. – Zum letzten Male stachen wir von Feuerland in See.

1835

15. September. – Wir verließen die Westküste Südamerikas.

1836

31. Mai. – Wir gingen am Kap der Guten Hoffnung vor Anker.

2. Oktober. – Gingen in Falmouth [Hafenstadt in Südwestengland] vor Anker.

4. Oktober. – Bin nach einer Abwesenheit von fünf Jahren und zwei Tagen wieder in Shrewsbury eingetroffen.

Briefe von der Beagle

Zur Zeit von Charles Darwin gab es natürlich noch kein Telefon, keine E-Mails und kein Internet – man schrieb damals noch richtige Briefe. Da vor 170 Jahren auch ein weltweites Postnetz fehlte, war der Brieftransport ebenfalls ein Problem. Charles Darwin schrieb während seiner Reise mit der Beagle viele Briefe an seine Familie, aber auch an seine wissenschaftlichen Freunde. Die Briefe wurden dann meist zusammen mit wichtigem wissenschaftlichen Sammlungsmaterial mit anderen Schiffen nach England transportiert. Oft musste man lange warten, bevor man im nächsten Hafen ein geeignetes Schiff fand; Darwins Briefe umfassen daher oft mehrere Tage und Wochen.

Brief an R. W. Darwin, 8. Februar – 1. März 1832

Mein lieber Vater,
ich schreibe dies am 8. Februar, nach einem Segeltage von St. Jago [Santiago] (Kapverdische Inseln) und rechne auf den glücklichen Zufall, irgendwo um den Äquator die Gelegenheit eines heimwärts segelnden Schiffes wahrzunehmen.

Wir segelten, wie Du weißt, am 27. Dezember ab und hatten von da an bis zur Gegenwart das Glück einer beständigen und mäßigen Brise. Später erwies es sich, dass wir einem schweren Sturm im Kanal entgangen sind, einem weiteren bei Madeira [eine kleine Insel im Atlantik] und noch einem vor der afrikanischen Küste. Dennoch bekamen wir seine Folgen als schwere See zu spüren. In der Bucht von Biskaya herrscht eine lange und andauernde Dünung, und das Elend der Seekrankheit, die ich zu ertragen hatte, war viel, viel größer, als ich es je vermutet hätte. ... Keiner, der nur 24 Stunden auf See gewesen ist, hat das Recht zu behaupten, Seekrankheit erlebt zu haben. Das wahre Elend beginnt erst, wenn man so erschöpft ist, dass auch schon die kleinste Anstrengung das Gefühl hervorruft, ohnmächtig zu werden. Ich fand heraus, dass nichts außer dem Liegen in meiner Hängematte mir irgendwie half. ...

Die Reise von Teneriffa nach St. Jago war äußerst angenehm. Ich hatte ein Netz achtern am Schiff, das seltsame Tiere in großer Anzahl einfing und meine Zeit in der Kabine vollständig ausfüllte, und an Deck war das Wetter so herrlich und klar, dass der Himmel und das Wasser wie ein schönes Bild aussahen. Am 16. erreichten wir Port Praya, die Hauptstadt der Kapverdischen Inseln, wo wir 23 Tage blieben, nämlich bis gestern, den 7. Februar.

Seit ich den ersten Teil des Briefes verfasst habe, hat sich nicht viel ereignet, außer dass wir den Äquator überquert haben und ich rasiert wurde. Diese höchst unangenehme Prozedur besteht darin, dass einem das Gesicht mit Farbe und Teer eingerieben wird, die den Schaum für eine Säge bilden, die das Rasiermesser darstellen soll, und man dann in einem mit Salzwasser gefüllten Segel halb ertränkt wird.

Bisher entspricht die Reise meinen Erwartungen ganz großartig.

Ich bleibe, mein teurer Vater, Dein Dich liebender Sohn Charles Darwin.

Mein lieber Henslow,

wir segeln nun den Rio Plata [südamerikanischer Fluss] hinauf, und ich ergreife die Gelegenheit, einen Brief an Sie zu beginnen. ...

15. August. ... Wir sind schon eine Weile hier (Montevideo) [heute Hauptstadt von Uruguay], vermochten aber wegen des schlechten Wetters und der andauernden Kämpfe an der Küste kaum das Land zu betreten. Im vergangenen Monat hatte ich nichts gesammelt. Aber heute bin ich draußen gewesen und wie die reinste Arche Noah mit allen möglichen Arten von Tieren zurückgekehrt. Zu meinem Erstaunen habe ich heute zwei *Planariae* [Plattwürmer] entdeckt, die unter trockenen Steinen leben. Fragen Sie L. Jenyns, ob er je von so etwas gehört hat. Ich habe auch eine äußerst seltsame Schnecke gefunden und Spinnen, Käfer, Schlangen und Skorpione ad libitum [= beliebig viele]. Und zum Abschluss eine Cavia [Meerschweinchen] geschossen ... Am Freitag segeln wir zum Rio Negro [ein Fluss im Süden Südamerikas] und werden dann mit unserer wahren, wilden Arbeit beginnen. Ich sehe den nassen stürmischen Gebieten des Südens mit Grausen entgegen. Doch nach so vielen Freuden muss ich eben ein gewisses Maß an Seekrankheit und Elend einstecken.

Grüßen Sie bitte alle sehr herzlich von mir, mein teurer Henslow, Ihr ergebener Chas. Darwin

Mein lieber Henslow

Wir fahren nun von den Falklandinseln an den Rio Negro
(oder Colorado) [zwei benachbarte Flüsse im Süden Südame-
rikas] hinauf. Die Beagle wird nach Monte Video weiterse-
geln, aber wenn es sich einrichten lässt, habe ich die Absicht,
am ersteren Orte zu bleiben. Es ist nun einige Monate her,
seit ich in einem zivilisierten Hafen war, wir haben beinahe
diese ganze Zeit im südlichsten Teil von Tierra del Fuego
[Feuerland] verbracht. Es ist ein abscheulicher Ort, Stürme
folgen in so kurzen Abständen aufeinander, dass es schwer
ist, irgendetwas zu tun. Wir waren dreiundzwanzig Tage auf
der Höhe von Kap Hoorn und konnten auf keine Weise nach
Westen gelangen. Der letzte und endgültige Sturm, bevor
wir den Versuch aufgaben, war außergewöhnlich schwer. Eine Woge zertrümmerte eines der Boote, und es war so viel
Wasser an Deck, dass alles herumschwamm; beinahe alles
Papier für das Trocknen der Pflanzen ist verdorben und die
Hälfte der Sammlung dieser Fahrt.

Die Feuerländer sind in einem erbärmlicheren Zustand
der Barbarei, als ich ihn je bei Menschen zu sehen erwartet
hätte. In diesem rauhen Land sind sie völlig nackt, und ihre
provisorischen Behausungen sind wie Hütten, die Kinder im
Sommer aus Zweigen bauen. Ich glaube, es gibt kein merk-
würdigeres Schauspiel als den ersten Anblick von Menschen
in ihrer ursprünglichen Wildheit. Es ist so merkwürdig, dass
man es sich kaum vorstellen kann, wenn man es nicht selbst
erlebt hat. Nie werde ich das Gebrüll vergessen, mit dem uns
eine Gruppe von Feuerländern empfing, als wir in die Bahía
Buen Suceso [eine Bucht in der Nähe des Kap Horn] einfuh-

ren. Sie hockten auf einer Felsspitze, umgeben von einem dunklen Buchenwalde, und als sie ihre Arme wild über ihren Köpfen schwenkten und ihre langen Haare flogen, schienen sie wie gequälte Geister aus einer anderen Welt. …

Ich bleibe, mein lieber Henslow, Ihr treuer und dankbarst ergebener Freund Charles Darwin

Brief an J. S. Henslow, März 1834, Ost-Falklandinsel

Mein lieber Henslow,
kurz bevor ich Monte Video verließ, kaufte ich weit draußen auf dem Land für zwei Shilling den Kopf eines Megatheriums [ein ausgestorbenes Riesenfaultier], der, als er gefunden wurde, ziemlich vollständig gewesen sein muss. Die Gauchos [Viehhirten] haben jedoch die Zähne herausgebrochen und den Unterkiefer verloren, aber die unteren und die inneren Teile sind einigermaßen vollständig vorhanden. Er ist nun, so hoffe ich, auf hoher See und folgt mir nach.

Ich habe alle Pflanzen gesammelt, die an der Küste von Patagonien in Port Desire und St. Julian [Patagonien ist der südliche Teil von Argentinien] in Blüte standen; ebenso in den östlichen Teilen von Tierra del Fuego, wo Klima und Eigenschaften von T del Fuego und Patagonien sich vereinen. Bei ihnen sind so viele Samen, wie ich nur finden konnte (am besten Sie pflanzen den ganzen Kehrricht, den ich geschickt habe, denn einige der Samen sind sehr klein).

Wenn ich mir über die Schichtungsverhältnisse [der Gesteine] etc. den Kopf zerbreche, fühle ich mich geneigt, auf die großen Austern und noch größeren Megatherien zu pfeifen. Doch wenn ich einige hübsche Knochen ausgrabe, frage

ich mich, wie ein Mensch nur seine Arme mit dem Häm-
mern von Granit ermüden kann.

Leben Sie wohl, mein lieber Henslow. Ich bin stets Ihr
dankbarst verbundener und herzlichst ergebener Freund
Charles Darwin.

Brief an J. S. Henslow, 24. Juli – 7. November 1834

Mein lieber Henslow,
gerade ist eine Kiste angekommen, in der sich zwei Ihrer
gütigsten und von Herzen kommenden Briefe befinden; Sie
wissen nicht, wie glücklich Sie mich gemacht haben. …

Meine Aufzeichnungen nehmen an Umfang zu; ich habe
etwa 600 kleine Seiten im Quartformat vollgeschrieben; etwa
eine Hälfte davon ist Geologie, die andere sind unvollständi-
ge Beschreibungen von Tieren. Bei den Letzteren mache ich
es mir zur Regel, nur die Teile oder Aspekte zu beschreiben,
die bei Exemplaren in Spiritus nicht sichtbar sind. Mein pri-
vates Tagebuch führe ich von obigem getrennt.

28. Oktober – Dieser Brief liegt schon seit Juli in meiner
Mappe: Ich habe ihn nicht abgeschickt, da ich fand, er loh-
ne nicht das Porto. Er wird nun mit einer Kiste mit Proben
reisen. Kurz nach meiner Ankunft hier brach ich zu einer
geologischen Exkursion auf und unternahm einen sehr an-
genehmen Streifzug am Fuße der Anden.

Das Ende meiner Exkursion war sehr unglücklich, ich
wurde krank und schaffte es kaum, hierher zurückzugelan-
gen. Den ganzen letzten Monat habe ich im Bett verbracht,
aber [jetzt] geht es mir rasch immer besser. Ich hatte gehofft,

in dieser Zeit eine gute Sammlung von Insekten etc. anzulegen, aber es war unmöglich. Ich bedauere es weniger, da es in Chile von Sammlern regelrecht wimmelt; es gibt mehr Naturforscher in diesem Land als Zimmerleute oder Schuster oder jedes andere ehrliche Handwerk.

Wir segeln übermorgen. Unsere Pläne sind endlich eingegrenzt und endgültig. Ich freue mich, sagen zu können, dass wir Tierra del Fuego für immer Lebwohl sagen.

Dieser Brief ist von schändlicher Unordentlichkeit, aber Sie müssen mir vergeben, mein lieber Henslow, Ihr Ihnen treu ergebener Charles Darwin. Den 7. November.

Brief an Caroline Darwin, 13. Oktober 1834, Valparaiso

[Darwin beschreibt hier eine mehrwöchige Landexkursion, die von Valparaiso in Zentralchile ausgeht und dort wieder endet.]

Meine liebe Caroline

Ich bin seit vierzehn Tagen krank und liege im Bett. Erst jetzt bin ich in der Lage, für kurze Zeit aufzusitzen. Da ich mich nach Beschäftigung sehne, werde ich versuchen, diesen Brief zu füllen. Auf dem Rückweg von meiner Exkursion verbrachte ich ein paar Tage an einigen Goldminen und trank während dieses Aufenthalts etwas Chichi, einen sehr schwachen, sauren, neuen Wein, der mich halb vergiftet hat. Ich blieb, bis ich glaubte, es ginge mir wieder gut, aber mein erster Tagesritt, der sehr lang war, brachte meinen Magen wieder durcheinander, und ich konnte mich danach nicht mehr erholen. Ich verlor fast gänzlich den Appetit und wurde sehr schwach. Ich musste eine sehr weite Strecke zurücklegen und litt sehr. Am Ende traf ich völlig erschöpft hier ein.

Ohne diesen Unglücksfall wäre mein Ritt sehr angenehm gewesen. Ich habe eine Runde gedreht, einschließlich St. Jago [Santiago de Chile]. Ich brach beim Tal des Aconcagua [der mit 6962 m höchste Berg Südamerikas] auf und erlebte eine kapitale Kletterei durch die Berge. Ich schlief zwei Nächte nahe dem Gipfel der Glocke [des Glockenbergs] von Quillota. ... Die Aussicht war höchst interessant, da sie eine vollständige Karte der Kordilleren und von Chile gewährt.

Auf meinem Weg nach S. Fernando konnte ich noch etwas mehr in den Anden herumhämmern, da ich einige Tage an den heißen Quellen von Cauquenes verbrachte, die in einem der Täler liegen. Von S. Fernando reiste ich quer durch das Land an die Küste und kehrte dann, wie gesagt, sehr elend hierher nach Valparaiso in Corfields Haus zurück.

Ich finde, ein kranker Magen fördert die Neigung zum Heimweh. In etwa vierzehn Tagen wird die Beagle die Küste hinunterfahren, an Concepcion und Valdivia [beides chilenische Küstenstädte] vorbei und hinter Chiloe [chilenische Insel südlich von Valdivia] an die Arbeit gehen. Ich vermute, wir werden dem Feuerlande einen weiteren Besuch abstatten, was der liebe Gott verhüten möge. Es wird ganz geheim gehalten, damit die Männer nicht desertieren; so hasst jeder einzelne von ihnen diese verwünschte Gegend. Unsere Reise klang sehr viel verlockender in den Anweisungen, als sie es tatsächlich ist. ... Außer Südamerika werden wir kein anderes Land sehen. ...

Briefe zu schreiben ist eine Aufgabe, die ich gründlich verabscheue. Ich meine natürlich nicht, meine Briefe an Euch nach Hause, sondern die an alle anderen, denn nach so langer Zeit habe ich außer meiner eigenen Geschichte nichts zu erzählen, und das ist sehr ermüdend.

Meine besten Grüße an Vater und Euch alle, glaube mir, meine liebe Caroline, herzlich Dein Charles Darwin.

Brief an J. S. Henslow

Lima, 12. Juli 1835

Mein lieber Henslow

Dies ist der letzte Brief, den ich je von der Küste Amerikas an Sie schreiben werde. Und aus diesem Grund sende ich ihn. In wenigen Tagen wird die Beagle Kurs auf die Galapagos-Inseln nehmen. Dem blicke ich mit Freude und Interesse entgegen, sowohl, weil ich auf diese Weise England etwas näher komme, als auch, weil ich dort einen guten Blick auf einen tätigen Vulkan haben werde. Auch wenn wir Lava im Überfluss gesehen haben, sah ich doch nie einen Krater.

Nachdem wir Copiapò [Nordchile] verlassen hatten, machten wir kurz in Iquique [Küstenstadt in Nordchile] Station. Ich besuchte das Natronsalpeterwerk, aber ich verstehe die Position des Nitrats im Soda nicht ganz. Hier in Peru kann ich wegen des Zustands der Anarchie keine Exkursionen unternehmen. …

Ich verbleibe, mein lieber Henslow, stets Ihr treu ergebener Charles Darwin

Brief an Caroline Darwin, 27. Dezember 1835

Bay of Islands – Neuseeland, 27. Dezember 1835
Meine liebe Caroline
Mein letzter Brief war aus Galapagos, seither hatte ich keine Gelegenheit, einen weiteren zu senden. Ein Walfänger fährt nun direkt nach London, und ich ergreife freudig die Gelegenheit dieses schönen regnerischen Sonntagabends, um Dir zu erzählen, wie es um uns bestellt ist. … Das ganze letzte Jahr habe ich meine Rückkehr ersehnt und diesen Wunsch nicht gerade sanftmütig und leise vor mich hingemurmelt. Unterdessen bin ich jedoch geneigt, von morgens bis abends ein ständiges tiefes Knurren von mir zu geben. Ich berechne und zähle jede Station der Heimreise, und einer verlorenen Stunde werden größere Folgen zugeschrieben als früher einer Woche. Es gibt keine Geologie mehr, dafür jede Menge Seekrankheit …

Doch ich kann alles ertragen, wenn ich daran denke, dass ich heute in acht Monaten wahrscheinlich bei Euch am Kamin sitze. Nach dem Verlassen der Galapagos-Inseln, diesem Land der Krater, genossen wir die Aussicht auf den Ozean – welch letztere manche erhaben zu nennen belieben – für volle fünfundzwanzig Tage. Auf Tahiti blieben wir zehn Tage und bewunderten den ganzen Zauber der fast klassischen Insel. Das freundliche und schlichte Benehmen der halbzivilisierten Einwohner steht im Einklang mit der wilden und schönen Landschaft.

Wieder vergingen drei lange Wochen, bis wir das Meer nach Neuseeland überquert hatten, wo wir ungefähr zehn Tage bleiben werden. Ich bin enttäuscht davon, sowohl vom Land als auch von seinen Bewohnern. Nach den Tahitianern erscheinen die Eingeborenen wie Wilde. Die Missionare haben viel zur Verbesserung ihres moralischen Charakters getan und noch mehr dazu, sie in den Fertigkeiten der Zivilisation zu unterrichten. Sie können sich rühmen, dass Europäer hier unter den Menschen, die bis noch vor so kurzem wahrscheinlich die grimmigsten Wilden auf dem Antlitz der Erde waren, so sicher einhergehen können wie in England.

Ich sehe unserem Aufenthalt in Sydney mit mehr Freude entgegen als jedem anderen Teil der Reise. Er wird sehr kurz sein, nur vierzehn Tage. Ich hoffe jedoch irgendwie in der Lage zu sein, einen Ritt über Land zu unternehmen. Von Sydney segeln wir weiter nach King George Sound [im Südwesten Australiens] und dann weiter wie zuvor geplant.

Ich grüße Vater, Erasmus, Marianne und Euch alle mit innigster Liebe Dein C. Darwin …

Brief an Josiah Wedgwood II, 5. Oktober 1836

Shrewsbury

Mein lieber Onkel

Die Beagle traf am Sonntagabend in Falmouth ein, und ich kam gestern Abend zu Hause an. Ich bin recht durcheinander vor so viel Entzücken und Begeisterung, aber ich kann nicht gestatten, dass meine Schwestern Dir zuerst erzählen, wie glücklich ich bin, all meine Freunde wiederzusehen. Ich bin gezwungen, in drei oder vier Tagen nach London zurückzufahren, wo die Beagle ausgezahlt wird, und dann werde ich Shrewsbury einen längeren Besuch abstatten. Ich bin höchst begierig, Maer und all seine Bewohner wiederzusehen, so dass ich hoffe, Dir als meinem Marineminister im Verlaufe von zwei oder drei Wochen persönlich danken zu können. Ich bin so glücklich, dass ich kaum weiß, was ich schreibe.

Dein Dich liebender Neffe Chas. Darwin

III

Nach seiner Rückkehr von der Weltreise mit der Beagle hat Charles Darwin sein Heimatland nicht mehr verlassen und nahezu ununterbrochen an seinen wissenschaftlichen Schriften gearbeitet. Er heiratete im Januar 1839 seine Cousine Emma Wedgwood und führte im Kreise seiner geliebten Familie ein sehr arbeitsames Forscherleben. Von den 10 Kindern der Familie Darwin starben drei bereits im Kindesalter. Auch war Darwins Schaffenseifer immer wieder von Krankheitsanfällen unterbrochen. Am besten lassen wir Darwin seine Geschichte wieder selbst erzählen:

»Mein erstes Notizbuch in Bezug auf den Ursprung der Arten«

Von meiner Rückkehr nach England (2. Oktober 1836) bis zu meiner Heirat (29. Januar 1839) – diese zwei Jahre und drei Monate sind die arbeitsreichsten gewesen, die ich je verlebt habe, obgleich ich gelegentlich unwohl war und dadurch etwas Zeit verlor. Nachdem ich mehrere Male zwischen Shrewsbury, Maer, Cambridge und London hin- und hergefahren war, ließ ich mich am 13. Dezember in einer Wohnung in Cambridge nieder, wo sich meine sämtlichen Sammlungen unter Henslows Obhut befanden. Hier blieb ich drei Monate und untersuchte mit Professor Millers Hilfe meine Mineralien und Gesteinsarten.

Ich begann hier, mein Reisetagebuch vorzubereiten, was

keine schwere Arbeit war, da ich mein handschriftliches Tagebuch mit Sorgfalt niedergeschrieben hatte; die hauptsächlichste Arbeit bestand darin, Auszüge aus den interessanteren wissenschaftlichen Resultaten zu machen. Ich schickte auch … einen kurzen Bericht von meinen Beobachtungen über die Erhebung der Küste von Chile an die Geologische Gesellschaft.

Am 7. März 1837 mietete ich mich in der Great Marlborough Street in London ein und blieb dort nahezu zwei Jahre, bis ich heiratete. Während dieser zwei Jahre beendete ich mein Reisetagebuch, hielt mehrere Vorträge vor der Geologischen Gesellschaft, begann die Vorbereitung des Manuskripts für meine »Geologischen Beobachtungen« und traf Einrichtungen für die Herausgabe der »Zoologie der Reise mit der Beagle«. Im Juli begann ich mein erstes Notizbuch für Tatsachen in Bezug auf den Ursprung der Arten, worüber ich lange nachgedacht hatte, und hörte während der nächsten zwanzig Jahre nicht auf, daran zu arbeiten.

Leben in London 1839-1842

Ihr alle kennt eure Mutter ausgezeichnet, ihr wisst, welch gute Mutter sie immer für euch war. Sie ist mein größtes Glück, und ich kann sagen, dass ich während meines ganzen Lebens kein einziges Mal von ihr ein Wort gehört habe, von dem ich sagen könnte, dass es besser wäre, es wäre überhaupt nicht ausgesprochen worden. Ihre verständnisvolle Güte mir gegenüber war immer beständig, und sie ertrug mit größter Geduld meine ewigen Klagen über Unwohlsein und über Unbequemlichkeiten. … Mich setzt jenes außerordentliche

Glück in Erstaunen, dass sie, ein Mensch, der seinen sittlichen Qualitäten nach unermesslich höher stand als ich, einwilligte, meine Frau zu werden.

In meiner Familie war ich sehr glücklich und muss euch, meinen Kindern, sagen, dass mir niemand von euch irgendwann Kummer bereitet hat, von euren Erkrankungen abgesehen. Ich nehme an, dass es nur wenige Väter gibt, die fünf Söhne haben und wahrheitsgemäß etwas Derartiges erklären können. Als ihr noch ganz klein wart, spielte ich sehr gerne mit euch, und ich denke mit Wehmut daran, dass diese Tage niemals wieder zurückkehren werden. Von der frühesten Kindheit an bis zum heutigen Tag, an dem ihr erwachsen seid, wart ihr alle, meine Söhne und Töchter, ausgesprochen lieb, sympathisch und habt uns und euch einander immer lieb gehabt. ... Einstmals waren wir außerordentlich betrübt, als am 24. April 1851 in Malvern [in Zentralengland] Annie, die gerade erst zehn Jahre alt geworden war, starb. Sie war ein außergewöhnlich zärtliches und liebes Kind, und ich bin davon überzeugt, dass sie eine bezaubernde Frau geworden wäre. Die Tränen trüben mir manchmal die Augen, wenn ich an die lieben Züge ihres Charakters denke.

Während der drei Jahre und acht Monate, in denen wir in London wohnten, habe ich weniger wissenschaftlich gearbeitet. ... Das war die Folge häufig wiederkehrenden Unwohlseins und einer langen und ernstlichen Krankheit. Den größten Teil meiner Zeit, sooft ich nur irgendetwas tun konnte, widmete ich meiner Arbeit über Korallenriffe, die ich vor meiner Verheiratung angefangen hatte. Obgleich dieses Buch klein ist, kostete es mich doch zwanzig Monate harter Arbeit, da ich alle Werke über die Inseln des Stillen Ozeans zu lesen und viele Seekarten zu Rate zu ziehen hatte.

Während wir in London lebten, besuchte ich die Versammlungen mehrerer wissenschaftlicher Gesellschaften so regelmäßig, wie ich konnte, und war als Sekretär der Geologischen Gesellschaft tätig. Aber der Besuch solcher Gesellschaften und die gewöhnliche Geselligkeit sagten meiner Gesundheit so wenig zu, dass wir uns entschlossen, auf dem Lande zu leben, was wir beide vorzogen und was wir nie bereut haben.

Leben in Down [25 km südöstlich von London] ab 1842

Nach mehrfachem vergeblichen Suchen … fanden wir dies Haus [in Down] und kauften es. Mir gefiel der abwechslungsreiche Anblick der … Vegetation, die der so ungleich war, an die ich in den Grafschaften des mittleren Teiles von England gewöhnt gewesen war; und noch mehr gefiel mir die außerordentliche Ruhe und Ländlichkeit des Ortes. Es ist indessen kein ganz so geheim gelegener Ort, wozu ihn der Verfasser eines Artikels in einer deutschen Zeitschrift macht, der sagt, dass mein Haus nur auf einem Maultierpfade zu erreichen sei!

Es können nur wenige Menschen ein so zurückgezogenes Leben geführt haben wie wir. Außer kurzen Besuchen in den Häusern von Verwandten und gelegentliche an die Meeresküste oder andere Orte sind wir nirgends hingegangen. Während der ersten Zeit unseres hiesigen Aufenthaltes sind wir ein wenig in Gesellschaft gegangen und haben einige wenige Freunde bei uns gesehen; meine Gesundheit litt aber immer an den Folgen der Aufregung, da heftiger Schüttelfrost und Anfälle von Erbrechen dadurch hervorgerufen wurden. Ich bin daher für viele Jahre gezwungen gewesen, alle Mittagsgesellschaften aufzugeben, und das ist für mich ein ziemlicher Verlust gewesen …

Solange ich noch jung und gesund war, konnte ich sehr herzliche Beziehungen zu den Menschen unterhalten, aber in den späteren Jahren habe ich die Fähigkeit verloren, für irgendjemanden, wer es auch sein möge, tiefe Sympathie zu empfinden, obwohl ich immer noch sehr freundschaftliche Gefühle für viele Personen hege … Soweit ich urteilen kann, entwickelte sich dieser betrübliche Verlust bei mir allmählich.

Meine hauptsächlichste Freude und meine alleinige Beschäftigung während meines ganzen Lebens ist wissenschaftliches Arbeiten gewesen; und die Anregung durch derartige Arbeit lässt mich für eine gewisse Zeit mein tägliches Unbehagen vergessen oder drängt es wohl auch vollständig zurück. Aus meinem noch übrigen Leben habe ich daher nichts mehr zu berichten [Darwin schreibt dies 1876, also sechs Jahre vor seinem Tod], mit Ausnahme der Veröffentlichungen meiner verschiedenen Bücher.

IV

Verlassen wir also an dieser Stelle die Selbstbeschreibung des Lebenslaufes von Charles Darwin und wenden uns seinen bedeutenden Werken zu.

Reise eines Naturforschers um die Welt

Eines der besonders beliebten Bücher von Charles Darwin ist die Beschreibung seiner Reise mit der Beagle. Sie erscheint zuerst 1839 und in einer neuen Ausgabe 1845 unter dem Titel »Reise eines Naturforschers um die Welt« und ist auch heute noch wunderbar spannend zu lesen. Charles Darwin schreibt dazu selbst: »Der Erfolg dieses meines ersten literarischen Erzeugnisses stärkt meine Eitelkeit stets mehr als der irgendeines anderen meiner Bücher«. *Als Kostprobe geben wir Euch hier Auszüge aus den Beschreibungen von Feuerland und des Galapagos-Archipels wieder. Einiges klang bereits in den zitierten Passagen aus Darwins Lebensbeschreibung an.*

Das Feuerland

17. Dezember 1832 – Nachdem ich nun mit Patagonien und den Falkland-Inseln fertig bin, will ich unsere erste Ankunft in Feuerland beschreiben. Kurz nach Mittag umsegelten wir das Kap St. Diego [Ostspitze von Feuerland] und kamen in die berühmte Straße Le Maire [Meeresstraße zwischen der

Ostspitze Feuerlands und den Staaten-Inseln]. Wir hielten uns dicht an der Küste des Feuerlandes, doch waren die Umrisse des zerklüfteten, unwirtlichen Staatenlandes in den Wolken sichtbar. Am Nachmittag warfen wir in der Bucht von Good Success [nahe Kap Horn, in dem oben zitierten Brief an Henslow als Bahia Buen Suceso bezeichnet] Anker. Als wir einfuhren, wurden wir nach der Art der Bewohner dieses wilden Landes begrüßt. Eine Gruppe Feuerländer, zum Teil von dem dicht verwachsenen Walde verborgen, kauerte an einem wilden, die See überragenden Punkte, und als wir vorbeifuhren, sprangen sie auf, schwangen ihre zerlumpten Mäntel und stießen ein lautes, hell klingendes Geschrei aus. Die Wilden folgten dem Schiff, und noch ehe es dunkel war, sahen wir ihre Feuer und hörten wieder ihr wildes Geschrei.

Am Morgen schickte der Kapitän eine Abteilung ab, um mit den Feuerländern in Verbindung zu treten. Als wir in Rufweite gekommen waren, kam einer der vier Eingeborenen, welche da waren, vorwärts, um uns zu empfangen, und fing an äußerst heftig zu rufen, mit dem Wunsche, uns nach dem Platze hinzuleiten, wo wir landen sollten. Als wir am Lande waren, sah die Gesellschaft beunruhigt aus, sie fuhren aber fort, beständig zu sprechen und mit großer Geschwindigkeit zu gestikulieren. Es war ohne alle Ausnahme das merkwürdigste und interessanteste Schauspiel, was ich je erblickte: ich hätte kaum geglaubt, wie groß die Verschiedenheit zwischen wilden und zivilisierten Menschen sei. Der Hauptsprecher war alt und schien das Oberhaupt der Familie zu sein, die drei anderen waren kräftige … junge Leute.

Diese Feuerländer … scheinen den berühmten Patagoniern der Magellan-Straße [enge Meeresstraße zwischen dem südamerikanischen Festland und dem Feuerland-Archipel] nahe verwandt zu sein. Ihr einziges Kleidungsstück besteht aus einem aus Guanaco-Haut gefertigten Mantel, mit den Haaren nach außen [Guanaco – ein in Südamerika lebendes Lama]. Diesen tragen sie nur über ihre Schulter geworfen und lassen dadurch ihren Körper ebenso oft nackt als bedeckt. Ihre Haut ist von einer schmutzig kupferig-roten Farbe.

Ihre ganze Haltung war unterwürfig und der Ausdruck ihrer Gesichter misstrauisch, überrascht und entsetzt. Nachdem wir sie mit etwas rotem Tuch beschenkt hatten, welches sie sofort um ihren Hals banden, wurden wir gute Freunde. Dies drückten sie so aus, dass der alte Mann uns auf die Brust klopfte und eine Art glucksendes Geräusch machte, wie die Leute tun, wenn sie Hühnchen füttern. Ich ging mit dem alten Mann weiter, während diese Beweise von Freundschaft mehrere Male wiederholt wurden. Sie wurden von drei derben Schlägen beschlossen, welch mir gleichzeitig auf die Brust und den Rücken gegeben wurden. Er entblößte dann seinen Busen, damit ich das Kompliment erwidere. Als ich es getan hatte, schien er höchlichst vergnügt zu sein.

Als von unserer Gesellschaft ein Gesang angestimmt wurde, glaubte ich, die Feuerländer würden vor Erstaunen zu Boden fallen. Mit gleichem Überraschen sahen sie unserem Tanze zu; doch hatte einer der jüngeren Leute, als er gefragt wurde, nichts gegen einen Walzer einzuwenden.

21. Dezember – Die Beagle lichtete den Anker; am folgenden Tage fuhren wir, ungemein von einer schönen Ostbrise begünstigt, dicht bei den Barnevelts und am Kap Deceit [beides Inseln nahe Kap Horn] mit seinen Felsspitzen vorbei und umsegelten ungefähr um drei Uhr das stürmische Kap

Horn. Der Abend war ruhig und klar, und wir genossen einen schönen Blick auf die umgebenden Inseln. Kap Horn indes forderte seinen Tribut und schickte uns noch vor der Nacht einen Sturm gerade in die Zähne. Wir wendeten nach der See hinaus und am zweiten Tage wieder dem Lande zu. … Große schwarze Wolken rollten über den Himmel, und Regen und Hagel stürzten mit solcher äußersten Heftigkeit auf uns herab, dass der Kapitän sich entschloss, in Wigwam Cove einzulaufen. Dies ist ein geschützter kleiner Hafen nicht weit vom Kap Horn, und hier ankerten wir am heiligen Christabend in ruhigem Wasser.

25. Dezember – Während wir eines Tages in der Nähe der Wollaston-Insel [unweit Kap Horn, Teil des Feuerland-Archipels] an Land gingen, ruderten wir neben einem Kanu mit sechs Feuerländern. Es waren dies die erbärmlichsten und elendsten Geschöpfe, die ich je irgendwo gesehen habe. An der Ostküste haben die Eingeborenen, wie wir gesehen haben, Guanaco-Mäntel, und auf der Westküste besitzen sie Robbenfelle. Diese Feuerländer aber in dem Kanu waren völlig nackt, und selbst eine ganz erwachsene Frau war absolut nackt. Es regnete stark, und das Süßwasser, zusammen mit den Spritzern von den Rudern, rieselte an ihrem Körper hinab.

Sie [die Feuerländer] leiden oft unter Hungersnöten: ich hörte wie Mr. Low, der Kapitän eines Robbenfängers, der sehr genau mit den Eingeborenen des Landes bekannt war, eine merkwürdige Schilderung des Zustandes einer Gesellschaft von hundertfünfzig Eingeborenen an der Westküste gab, welche sehr mager und in großer Not waren. Eine Reihe von Stürmen verhinderte die Frauen, Muscheln von den Felsen zu sammeln, auch konnten sie nicht in Kanus ausfahren, um Robben zu fangen. Ein kleiner Teil dieser Leute machte sich eines Morgens auf den Weg, und die anderen Indianer erklärten Mr. Low, dass sie eine viertägige Reise unternahmen, um Nahrung zu holen. Bei ihrer Rückkehr ging Low hin, um sie zu treffen, und fand sie äußerst ermüdet. Jeder trug ein großes viereckiges Stück Walfischspeck mit einem Loch in der Mitte, durch das sie ihren Kopf gesteckt hatten, gerade so wie die Gauchos ihren Poncho oder Mantel tragen. Sobald der Speck in einen Wigwam gebracht war, schnitt ein alter Mann dünne Scheiben davon ab, murmelte ein paar Worte über sie, röstete sie eine Minute lang und verteilte sie dann an seine verhungerte Gesellschaft, welche während der ganzen Zeit ein tiefes Stillschweigen bewahrte.

Galapagos-Archipel, September – Oktober 1835

Dieser Archipel besteht aus zehn Hauptinseln, von welchen fünf die anderen an Größe übertreffen. Sie sind unter dem Äquator gelegen und sind zwischen fünf- und sechshundert Meilen nach Westen von der Küste Amerikas entfernt. Sie werden alle aus vulkanischen Gesteinen gebildet …

Bedenkt man, dass diese Inseln direkt unter dem Äquator liegen, so ist das Klima durchaus nicht übertrieben heiß; dies scheint hauptsächlich durch die eigentümlich niedrige Temperatur des umgebenden, von dem großen Südpolar-Strome hierhergebrachten Wassers verursacht zu werden. Mit Ausnahme eines sehr kurzen Teils des Jahres fällt nur sehr wenig Regen, und selbst während dieser Jahreszeit ist er unregelmäßig.

Die Naturgeschichte dieser Inseln ist in hohem Grade merkwürdig und verdient sehr wohl Aufmerksamkeit. Die meisten organischen Erzeugnisse [Lebewesen] sind eingeborene Schöpfungen, die sich nirgendwo anders finden; es besteht sogar eine Verschiedenheit zwischen den Bewohnern der verschiedenen Inseln; doch zeigen alle eine ausgesprochene Verwandtschaft mit denen von Amerika, obschon sie von diesem Kontinent durch ein Stück offenen Meeres von einer Breite zwischen 500 und 600 Meilen getrennt sind.

Von Landsäugetieren findet sich nur eines, welches als eingeboren angesehen werden muss, nämlich eine Maus, und diese ist, so viel ich ermitteln konnte, auf die Chatham-Insel, die östlichste Insel der ganzen Gruppe, beschränkt. … Von Landvögeln erhielt ich nur sechsundzwanzig Arten, alle dem Archipel eigentümlich und nirgends anderswo zu finden, mit Ausnahme eines einzigen lerchenartigen Finken von Nordamerika. Die anderen 25 Arten bestehen erstens aus einem Falken. Zweitens finden sich hier zwei Eulen. Drittens ein Zaunkönig und drei Tyrannen-Fliegenschnäpper und eine Taube. Viertens eine Schwalbe. Fünftens finden sich drei Arten von Spottdrosseln hier – eine Form, welche für Amerika in hohem Grade charakteristisch ist.

Die noch übrigen Landvögel bilden eine äußerst eigentümliche Gruppe von Finken, welche in der Struktur ihrer Schnäbel, den kurzen Schwingen, der Form des Körpers und dem Gefieder miteinander verwandt sind; es sind dreizehn Arten … Alle diese Arten sind diesem Archipel eigentümlich … Die merkwürdigste Tatsache ist die vollkommene Abstufung in der Größe des Schnabels bei den verschiedenen Arten von Geospiza, von einem Schnabel, der so groß ist wie der eines Kernbeißers bis zu dem eines Buchfinken und

… bis zu dem eines Sängers. Es gibt nicht weniger als sechs Arten mit unmerklich sich abstufenden Schnäbeln.

Ich will mich nun zu der Klasse der Reptilien [Kriechtiere] wenden, welche der Zoologie dieser Inseln den auffallendsten Charakterzug aufprägt. Die Arten sind nicht zahlreich, aber die Zahl der Individuen einer jeden Art ist außerordentlich groß. … Ich will zuerst die Lebensweise der Schildkröte beschreiben, welche schon so oft erwähnt wurde. Diese Tiere werden, wie ich glaube, auf sämtlichen Inseln des Archipels gefunden, sicherlich wenigstens auf der Mehrzahl. … Einige wachsen bis zu einer ungeheueren Größe: Mr. Lawson, ein Engländer und Vize-Gouverneur der Kolonie, erzählte uns, dass er mehrere gesehen habe, die so groß waren, dass es sechs oder acht Mann bedurfte, um sie vom Boden aufzuheben, und dass einige bis zweihundert Pfund Fleisch geliefert hätten.

Die Schildkröte liebt das Wasser sehr, trinkt große Mengen und wühlt im Schlamme. … Es war ein merkwürdiges Schauspiel, in der Nähe der Quellen viele dieser kolossalen Geschöpfe zu beobachten, wie die einen eifrig mit vorgestrecktem Halse vorwärts marschierten, während die anderen, nachdem sie sich voll getrunken hatten, wieder zurückkehrten. … Die Einwohner glauben, dass diese Tiere absolut taub sind; sicher ist es, dass sie es nicht hören, wenn jemand dicht hinter ihnen hergeht. Es unterhielt mich immer sehr, eines dieser großen Ungeheuer zu überholen, wenn es ruhig dahinging, zu sehen wie es plötzlich im Augenblick, wo ich an ihm vorbeiging, seinen Kopf und seine Beine einzog und sich unter Ausstoßung eines tiefen Zischens mit einem schweren Ton auf die Erde fallen ließ, als sei es totgeschlagen. Ich stellte mich ihnen häufig auf den Rücken; wenn ich ihnen dann ein par Schläge auf den hintern Teil ihres Rücken-schildes gab, standen sie auf und gingen weiter; – ich fand es aber sehr schwierig, das Gleichgewicht zu halten. …

Noch habe ich den allermerkwürdigsten Zug der Natur-geschichte dieses Archipels nicht erwähnt; er besteht darin, dass von den verschiedenen Inseln in beträchtlichem Maße jede von einer verschiedenen Gruppe von Geschöpfen be-wohnt wird. … Das was mich mit Verwunderung erfüllt, ist gerade der Umstand, dass mehrere der Inseln ihre besonde-ren eigenen Arten von Schildkröte, Spottdrossel, Finken und zahlreichen Pflanzen besitzen, während doch diese Arten dieselben allgemeinen Lebensgewohnheiten haben, ähnli-che Örtlichkeiten bewohnen und ganz offenbar dieselben Stellen in dem Naturhaushalt des Archipels ausfüllen.

Ich will meine Beschreibung der Naturgeschichte die-ser Inseln damit beschließen, dass ich die außerordentli-che Zahmheit der Vögel schildere. Diese Eigentümlichkeit kommt allen auf dem Lande lebenden Arten zu, nämlich den Spottdrosseln, den Finken, Zaunkönigen, Tyrannen-Fliegen-schnäppern, der Taube und dem Aas-Bussard. Sie alle kamen häufig hinreichend nahe, um mit einer Gerte und zuweilen, wie ich selbst versucht habe, mit einer Mütze oder einem Hute totgeschlagen zu werden. Eine Flinte ist hier beinahe überflüssig; denn einmal stieß ich mit dem Flintenlauf ei-nen Falken vom Zweige eines Baumes herunter.

Wir können aus diesen Tatsachen schließen, welches Ge-metzel die Einführung irgendeines neuen Raubtieres in ei-nem Lande verursachen muss, ehe die Instinkte der einge-borenen Bewohner sich der List oder der Kraft des fremden Ankömmlings angepasst haben.

Nüsse

Früchte

Blüten

Insekten

Auf den Galapagos-Inseln sah Darwin Finken mit ganz unterschiedlichen Schnabel-
formen, je nachdem, wovon sie sich ernährten. Diese Beobachtung half ihm später,
seine Theorie vom »Ursprung der Arten durch natürliche Auslese« zu entwickeln.

Die Entstehung der Arten durch natürliche Zuchtwahl

Das Buch »Die Entstehung der Arten durch natürliche Zucht-wahl« ist das Hauptwerk von Charles Darwin, das ihn unsterb-lich gemacht hat. Es erschien 1859 zum ersten Mal, 1872 wurde die 6. und letzte von Charles Darwin veränderte Ausgabe ver-öffentlicht, die seither in unzähligen Auflagen und Sprachen nachgedruckt worden ist. Darwin entwickelt hier seine »Evolu-tionstheorie«, eine rein auf Beobachtungen begründete Erklä-rung, wie die Vielfalt der Arten von Tieren und Pflanzen durch Veränderungen von Merkmalen und »natürliche Zuchtwahl« im Laufe von Jahrmillionen entstanden ist – er widerspricht damit einem einfachen Schöpfungsglauben, der den Menschen und alle Arten als das unmittelbare und unveränderliche Pro-dukt eines Schöpfergottes betrachtet. Man muss dieses Buch ge-lesen haben – schauen wir uns den »Genie-Streich« von Charles Darwin also etwas genauer an.

Einleitung

Charles Darwin weiß natürlich um seine Kritiker. Ihm ist sehr wohl bewusst, dass die Kirchen und alle die Menschen, die an den Schöpfungsbericht der Bibel in der wörtlichen Formulie-rung glauben, seine Evolutionstheorie ablehnen und sogar be-kämpfen werden. Es ist daher taktisch sicher weise, wenn er in der Einleitung einerseits seine sorgfältige Arbeitsweise betont, andererseits aber selbst schon auf gewisse »Unvollkommen-heiten« seines Textes, der immerhin über 600 Seiten umfasst, hinweist.

Als ich mich als Naturforscher an Bord der »Beagle« befand, war ich aufs Höchste überrascht, durch gewisse Merkwürdigkeiten in der Verbreitung der Tiere und Pflanzen Südamerikas sowie durch die geologischen Beziehungen der gegenwärtigen Bewohner dieses Erdteils zu den früheren. Wie aus den späteren Kapiteln dieses Buches hervorgeht, schienen mir diese Tatsachen Licht zu werfen auf die Entstehung der Arten, das Geheimnis aller Geheimnisse. Nach meiner Heimkehr (1837) wurde mir immer klarer, dass sich vielleicht durch Sammeln und Vergleichen aller damit zusammenhängenden Tatsachen etwas zur Lösung der Frage tun ließe. Erst nach fünfjähriger Vorarbeit wagte ich aber, näher darauf einzugehen und kurze Notizen niederzuschreiben. Diese erweiterte ich 1844 zu einer Skizze, in der ich dann auch meine Schlussfolgerungen zog. Von dieser Zeit an habe ich den Gegenstand eifrig verfolgt. Ich führe die Einzelheiten nur an, um zu zeigen, dass ich nicht übereilt zu einem abschließenden Urteil gelangt bin.

Dieser Auszug, der hier vorliegt, ist natürlich unvollkommen. Ich kann hier nicht auf die verschiedenen Quellen für meine zahlreichen Behauptungen verweisen, aber ich hoffe, dass der Leser Vertrauen in meine Gewissenhaftigkeit setzt. Zweifellos sind Irrtümer unterlaufen, obgleich ich mich nur auf anerkannte Autoritäten gestützt habe. Ich kann hier nur die allgemeinen Schlüsse mitteilen und nur wenige Tatsachen als Beispiele anführen, doch hoffe ich, dass diese in den meisten Fällen genügen werden. Niemand ist mehr als ich von der Notwendigkeit überzeugt, alle einzelnen Tatsachen bekannt zu geben, auf denen meine Schlüsse beruhen, und ich hoffe, dass ich das in einem späteren Werk werde nachholen können. Ein zuverlässiges Endresultat ergibt sich nur, wenn alle für und wider den Gegenstand sprechenden Gründe sorgfältig abgewogen und verglichen werden, aber das kann hier unmöglich geschehen.

Ich bin fest überzeugt, dass die Arten nicht unveränderlich, sondern dass die zu einer Gattung gehörenden die Nachkommen anderer, meist schon erloschener Arten und dass die anerkannten Varietäten einer bestimmten Art Nachkommen dieser sind. Und ebenso bin ich überzeugt, dass die natürliche Zuchtwahl das wichtigste, wenn auch nicht einzige Mittel der Abänderung war.

Kapitel 1:
Abänderung im Zustande der Domestikation

Darwin beginnt seine Abhandlung klugerweise mit einem Phänomen, das in der damaligen Zeit nahezu jedem Bürger Englands geläufig ist: die Züchtung (oder »Domestikation«) von Nutztieren und Nutzpflanzen durch menschliche »Zuchtwahl«. Alle Haustier- und Nutzpflanzen-Arten kommen in verschiedenen Rassen vor; so gibt es sehr unterschiedliche Pferderassen, die aber alle zur gleichen Pferde-Art gehören und das Ergebnis einer menschlichen Züchtung aus einer Wildtier-Art sind. Der Züchtungsprozess selbst ist eigentlich ganz einfach. Jeder Züchter weiß, dass die Nachkommen eines Elternpaares nicht völlig identisch sind, sondern dass sie »variieren«, sich also auch in ihren Erbanlagen unterscheiden. Er wählt daher aus den Nachkommen eines Rennpferdes das jeweils »beste« Tier aus, um damit die Zucht fortzusetzen. Die Vererbungsgesetze waren aber zu Darwins Zeiten ebenso wenig bekannt wie die Erbsubstanz, die DNA.

Wenn wir die Individuen einer Varietät unserer alten Kulturpflanzen und Haustiere vergleichen, so fällt vor allem eines
auf: dass sie gewöhnlich mehr voneinander abweichen als
die einer Art oder Varietät im Naturzustand. Und wenn wir
die große Mannigfaltigkeit der Kulturpflanzen und Haustiere betrachten, die sich zu allen Zeiten unter den verschiedensten klimatischen Verhältnissen und Behandlungsarten
veränderten, so gelangen wir zu dem Schlusse, dass diese
große Veränderlichkeit unserer Kulturerzeugnisse unter Lebensverhältnissen entstand, die weniger einförmig und etwas verschieden von jenen sind, denen die verwandten Arten
in der Natur ausgesetzt waren.

Es ist klar, dass die Lebewesen mehrere Generationen
hindurch neuen Lebensbedingungen ausgesetzt sein müssen, ehe sie merkliche Veränderungen zeigen, und dass die
Veränderung der Organisation, wenn diese einmal begonnen
hat, gewöhnlich durch viele Generationen fortdauert. Es ist
kein Fall bekannt, dass ein variabler Organismus unter den
Händen des Menschen zu variieren aufgehört hätte. Unsere
ältesten Kulturpflanzen, z. B. Weizen, bringen neue Varietäten hervor, und unsere ältesten Haustiere sind noch immer
einer schnellen Abänderung und Veredelung fähig.

Einige Naturforscher glauben, dass alle Veränderungen
mit der geschlechtlichen Fortpflanzung zusammenhängen,
aber das ist ein Irrtum. Ich habe in einem anderen Werke
ein langes Verzeichnis von »Spielpflanzen«, wie die Gärt-
ner sagen, aufgestellt, d. h. von Pflanzen, die plötzlich eine
einzelne Knospe hervorbringen, die neue, von den anderen
Knospen gänzlich verschiedene Merkmale aufweist. Diese
Knospenvariation lässt sich durch Pfropfen fortpflanzen, zuweilen auch durch Samen. Im Freien kommen solche Spiel-

pflanzen selten vor, in der Züchtung aber sind sie durchaus keine Seltenheit.

Änderungen der Gewohnheiten bringen eine erbliche Wirkung hervor, z. B. bei Pflanzen, wenn sie in der Blütezeit aus einem Klima in ein anderes versetzt werden. Bei Tieren hat der Gebrauch oder Nichtgebrauch der Teile viel stärkeren Einfluss. So fand ich, dass die Flügelknochen der Hausente im Verhältnis zum ganzen Skelett leichter und die Beinknochen schwerer sind als die der Wildente, was sicher eine Folge des Umstandes ist, dass die Hausente weniger fliegt und mehr läuft als die wilde Verwandte. Wir kennen keines unserer domestizierten Säugetiere, das nicht in manchen Ländern hängende Ohren zeigt, und die Erklärung, die man dafür vorgebracht hat, dass nämlich die Hängeohren vom Nichtgebrauch der Ohrmuskeln herrühren, weil die Tiere nur selten beunruhigt werden, klingt sehr wahrscheinlich.

Nicht erbliche Veränderungen sind hier für uns von keinem Interesse, doch sind Zahl und Mannigfaltigkeit erblicher Abweichungen unendlich groß. Kein Viehzüchter zweifelt an den Vererbungsgesetzen. Dass Gleiches Gleiches hervorbringt, ist sein Grundglaube.

Die Gesetze, denen die Vererbung unterliegt, sind größtenteils unbekannt. Niemand weiß, warum dieselbe Eigentümlichkeit bei verschiedenen Individuen einer Art oder verschiedener Arten zuweilen erblich ist und zuweilen nicht; warum ein Kind oft diese und jene Merkmale des Großvaters oder der Großmutter aufweist.

Zur Erforschung des vorstehend behandelten Gegenstandes hielt ich es für das Beste, eine bestimmte Tiergruppe zu studieren, und wählte dazu die Haustauben. Ich hielt alle Rassen, die ich kaufen oder mir sonstwie verschaffen konnte, und habe auch zahlreiche Bälge aus den verschiedensten Weltgegenden erhalten. Auch habe ich mich mit zwei ausgezeichneten Taubenzüchtern in Verbindung gesetzt und bin Mitglied zweier Londoner Taubenklubs geworden. Die Verschiedenheit der Rassen ist of ganz erstaunlich. Man vergleiche z. B. die englische Brieftaube mit dem kurzstirnigen Tümmler und betrachte die merkwürdige Verschiedenheit der Schnäbel.

Wie groß aber auch die Unterschiede zwischen den Taubenrassen sein mögen, so bin ich doch völlig von der Richtigkeit der allgemeinen Meinung der Naturforscher überzeugt, dass sie sämtlich von der Felsentaube abstammen.

Wir wollen jetzt kurz den Weg betrachten, auf dem die Hausrassen schrittweise von einer oder mehreren nahverwandten Arten erzeugt worden sind. Wir können nicht annehmen, dass alle diese Rassen plötzlich so vollkommen und zweckentsprechend hervorgebracht worden sind, wie wir sie vor uns sehen, und wir kennen auch wirklich von einigen die Geschichte genau genug, um zu wissen, dass es tatsächlich nicht der Fall war. Der Schlüssel zu all diesem ist das Vermögen des Menschen, immer wieder Individuen zur Zuchtwahl auszuwählen. Die Natur schafft allmähliche Veränderungen, und der Mensch gibt ihnen die für ihn nützliche Richtung. In diesem Sinne kann er von sich sagen, er schaffe sich selbst seine nützlichen Rassen.

Gegenwärtig versuchen tüchtige Züchter, die ein bestimmtes Ziel im Auge haben, durch planmäßige Auswahl neue Stämme oder Unterrassen zu bilden, die alle bisherigen übertreffen. Für unsere Zwecke ist jedoch jene Form der Zuchtwahl wichtiger, die man die unbewusste nennen und die jeder anwenden kann, der die besten Haustiere zu besitzen und zu züchten wünscht. So wird jemand, der gute Hühnerhunde haben will, natürlich vor allem die bestmöglichen Hunde zu erlangen suchen und dann die besten seiner eigenen Hunde zur Nachzucht benutzen.

Gäbe es völlig kulturlose Wilde, die keine Ahnung von der Erblichkeit der Merkmale ihrer Haustiere hätten, so würden sie doch diejenigen Tiere, die für besondere Zwecke besonders wertvoll sind, während einer Hungersnot oder anderer Unglückszeiten zu erhalten suchen. Und so ausgewählte Tiere würden gewöhnlich mehr Nachkommen hinterlassen als weniger wertvolle, so dass also in diesem Falle eine Art unbewusster Zuchtwahl erfolgte. Welchen Wert selbst die kulturlosen Feuerländer ihren Tieren beilegen, erkennen wir daraus, dass sie in Tagen der Not lieber ihre alten Frauen als ihre wertvollen Hunde töten und verzehren.

Nach allem, was über den großen Einfluss des Menschen auf die Züchtung gesagt worden ist, leuchtet ein, warum unsere Hausrassen sich in Bau und Lebensweise den Bedürfnissen oder dem Geschmack des Menschen angepasst haben.

Kapitel 2:
Abänderung im Naturzustande

Nachdem Darwin das Prinzip der Züchtung und der menschlichen Zuchtwahl erläutert hat, wendet er sich den natürlichen, also wildlebenden Arten zu. Dabei geht er zunächst einmal der Frage nach, ob auch bei Arten im »Naturzustand« – ähnlich wie bei den Haustierrassen – eine Variabilität auftritt, was man eigentlich nicht erwarten würde, wenn jede Art in einem Schöpfungsakt geschaffen wurde. Aufgrund seiner umfangreichen Forschungs- und Sammlungstätigkeit während der Reise mit der Beagle kommt er zum Schluss, dass alle Arten – wie zum Beispiel der Hausspatz – eine große Veränderlichkeit zeigen, so dass man innerhalb einzelner Arten dann wieder »Varietäten« oder Rassen unterscheiden kann. Nach Darwin ist die Trennung zwischen Art und Varietät dabei eher willkürlich und vom jeweiligen Naturforscher abhängig. Heute ist man hier – zumindest für Tiere – anderer Auffassung: Tiere verschiedener Arten können keine fortpflanzungsfähigen Nachkommen erzeugen, was Tiere verschiedener Varietäten derselben Art sehr wohl können. So gibt es deutlich unterscheidbare Varietäten der Art »Silbermöwe«, die aber alle untereinander fortpflanzungsfähige Nachkommen zeugen können.

Bevor wir die Grundsätze, zu denen wir im vorigen Kapitel gelangten, auf die Lebewesen im Naturzustande anwenden, müssen wir kurz untersuchen, ob Letztere veränderlich sind oder nicht. Wollten wir dies bis ins Einzelne durchführen, so käme eine unendliche Aufzählung trockener Tatsachen zustande. Die will ich mir lieber für ein späteres Werk aufsparen. Auch will ich hier nicht die verschiedenen Deutungen erörtern, die man dem Worte »Arten« gegeben hat. Keine einzige hat alle Naturforscher befriedigen können, indessen weiß jeder im Allgemeinen, was mit dem Ausdruck »Arten« gemeint ist; gewöhnlich schließt die Bezeichnung das unbekannte Element eines besonderen Schöpfungsakts ein. Und beinahe ebenso schwer definierbar ist »Varietät«; gewöhnlich versteht man darunter ganz allgemein die »Gemeinsamkeit der Abstammung«, obwohl diese selten nachweisbar ist.

Die vielen kleinen Unterschiede, die sich bei Nachkommen derselben Eltern zeigen oder bei Individuen derselben Art, die dieselbe begrenzte Örtlichkeit bewohnen, kann man als individuelle Unterschiede bezeichnen. Niemand glaubt, dass alle Individuen einer Art genau nach demselben Modell gebildet sind. Solche individuellen Unterschiede sind aber für uns von größter Wichtigkeit, denn sie sind häufig ererbt, wie jedem bekannt sein wird. Sie liefern der natürlichen Zuchtwahl das Material zur Anhäufung, so wie der Mensch in seinen Zuchtprodukten die individuellen Unterschiede in bestimmter Richtung anhäuft.

Vor Jahren, als ich die Vögel der einzelnen Inseln der Galapagosgruppe miteinander und mit denen des amerikanischen Kontinents verglich, war ich erstaunt über die oberflächliche und willkürliche Unterscheidung zwischen Varietäten und Arten. Auf den Inselchen der kleinen Madeiragruppe gibt es viele Insekten, die Wollaston in seinem bewundernswerten Werke als Varietäten bezeichnet, die aber sicher für viele Insektenforscher besondere Arten bedeuten würden. Selbst Irland besitzt Tiere, die heute allgemein für Varietäten gelten und doch von einigen Zoologen als Arten hingestellt werden. Mehrere erfahrene Vogelkundler halten unser schottisches Rothuhn nur für eine scharf charakterisierte Rasse des norwegischen Schneehuhns, während die meisten andern es für eine zweifellos Großbritannien eigentümliche Art halten. Große Entfernungen zwischen den Wohnstätten zweier zweifelhafter Formen verleiten viele Naturforscher, sie für verschiedene Arten zu erklären. Es fragt sich aber, wie groß die Entfernung sein muss. Wenn die zwischen Amerika und Europa groß genug ist, genügt dann die zwischen Europa und den Azoren, Madeira oder den kanarischen Inseln?

Einige Naturforscher glauben, dass Tiere überhaupt keine Varietäten bilden, weshalb sie schon die geringste Abweichung für das Kennzeichen einer Art halten. Die Bezeichnung Art wird dadurch zu einem schwankenden Begriff, hinter dem man sich einen besonderen Schöpfungsakt denkt. Zugegeben muss werden, dass viele der von kompetenten Beurteilern für Varietäten erklärten Formen so vollkommen den Charakter von Arten tragen, dass sie von anderen kompetenten Kennern tatsächlich dafür gehalten werden, aber es hieße doch einen Schlag ins Wasser tun, wenn man die Frage, was Art und was Varietät ist, erörtern wollte, solange es noch keine allgemein gültige Definition gibt.

Aus dem Gesagten geht nun hervor, dass ich die Bezeichnung »Art« für willkürlich halte, gewissermaßen aus Bequemlichkeit auf eine Reihe von Individualitäten angewendet, die einander sehr ähnlich sind, dass sie also von der Bezeichnung »Varietät« für die minder unterschiedlichen und mehr schwankenden Formen nicht wesentlich abweicht. Nicht weniger willkürlich und schwankend ist die Bezeichnung »Varietät« im Vergleich mit »individuellen Unterschieden«.

Kapitel 3:
Kampf ums Dasein

Dies ist ein Schlüsselkapitel des Buches: Darwin führt den Begriff »Kampf ums Dasein« ein, dem alle Lebewesen unterworfen sind. Ursache dafür ist, dass sich alle Arten vermehren und ausbreiten wollen. Es werden daher immer zu viele Nachkommen gezeugt, aber nicht alle Nachkommen können überleben und selbst wieder Nachkommen zeugen: Im Kampf ums Dasein werden diejenigen überleben, die am »tüchtigsten« sind, also die besten Merkmale aufweisen. Der Kampf ums Dasein führt also zu einer »natürlichen Zuchtwahl« und damit zu einer Anpassung der Lebewesen an ihre Umwelt – der Vorgang ist also durchaus vergleichbar der Züchtung von Rassen durch menschliche Zuchtwahl.

Bevor wir auf den Gegenstand dieses Kapitels eingehen, muss ich einige Bemerkungen darüber vorausschicken, wie der Kampf ums Dasein zur natürlichen Zuchtwahl führt. Aus dem letzten Kapitel war zu ersehen, dass unter den Lebewesen im Naturzustande eine individuelle Veränderlichkeit besteht; ich wüsste auch nicht, dass dies jemals bestritten worden wäre. Es ist für uns unwesentlich, ob eine Menge zweifelhafter Formen nun Arten, Unterarten oder Varietäten genannt werden. Aber das einfache Vorhandensein individueller Veränderlichkeit und einiger Varietäten hilft uns sehr wenig, um zu begreifen, wie Arten in der Natur entstehen. Wie haben sich alle die vortrefflichen Anpassungen eines Teils der Organisation an den andern und an die Lebensbedingungen, eines Lebewesens an das andere entwickelt? Wir sehen diese schöne Anpassung am deutlichsten beim Specht und bei der Mistel und fast ebenso deutlich beim niedrigsten Parasiten, der sich an das Haar eines Säugetiers oder an die Federn eines Vogels klammert; wir sehen sie am Körperbau eines Käfers, der ins Wasser taucht, am befiederten Samen, der vom leisen Lüftchen getragen wird, kurz überall in der belebten Welt.

Wie kommt es, könnte man weiter fragen, dass sich die Varietäten, die ich beginnende Arten nannte, schließlich in gute und unterschiedliche Arten verwandeln, die meistens mehr voneinander abweichen als die Varietäten derselben Art? Wie entstehen jene Gruppen von Arten, die so verschiedene Gattungen bilden und mehr voneinander abweichen als die Arten dieser Gattungen? Wie aus dem nächsten Kapitel deutlich hervorgehen wird, sind alles das Folgen des Kampfes ums Dasein. In diesem Wettkampfe wird jede Veränderung, wie gering sie auch sein und aus welchen Ursachen sie auch entstanden sein mag, wenn sie nur irgendwie dem Individuum vorteilhaft ist, auch zur Erhaltung dieses Individuums beitragen und sich gewöhnlich auch auf die Nachkommen vererben. Diese werden daher mehr Aussicht haben, am Leben zu bleiben; denn von den vielen Individuen einer Art, die geboren werden, lebt nur eine geringe Anzahl fort. Ich habe dieses Prinzip, das jede geringfügige, wenn nur nützliche Veränderung konserviert, »natürliche Zuchtwahl« genannt, um seine Beziehung zu der vom Menschen veranlassten künstlichen Zuchtwahl zu kennzeichnen. Indessen ist der von Herbert Spencer gebrauchte Ausdruck »Überleben des Tüchtigsten« besser und zuweilen ebenso bequem. Wir haben gesehen, dass der Mensch durch die Zuchtwahl große Erfolge erzielen und dass er durch die Anhäufung kleiner, aber nützlicher Veränderungen, die die Natur ihm bietet, Lebewesen seinen eigenen Zwecken anpassen kann. Indessen ist die natürliche Zuchtwahl, wie wir später sehen werden, eine Macht, die unaufhörlich wirkt und den schwachen Bemühungen des Menschen ebenso sehr überlegen ist wie das Wirken der Natur dem der Kunst.

Wir wollen nun den Kampf ums Dasein etwas genauer betrachten, obgleich ich in einem späteren Werke den Gegenstand noch ausführlicher behandeln werde. Nichts ist leichter, als ganz allgemein die Existenz des Kampfes ums Dasein zuzugeben; nichts aber ist schwerer, als die Existenz des Kampfes ums Dasein beständig im Auge zu behalten. Ehe wir nicht tief von ihr durchdrungen sind, werden wir den Haushalt der Natur mit all seinen Einzelheiten der Verbreitung, der Seltenheit, des Häufigseins, des Aussterbens und der Veränderung der Geschöpfe nur halb begreifen oder gar völlig falsch verstehen. Wir sehen das Antlitz der Natur heiter erstrahlen; wir sehen überall nur Überfluss an Nahrung. Aber wir sehen nicht oder übersehen, dass die Vögel, die sorglos rings um uns singen, von Insekten oder Samen leben und damit ständig Leben vernichten. Oder wir vergessen, dass viele dieser Sänger oder ihre Eier und Nestlinge von Raubvögeln und anderen Feinden vernichtet werden. Wir behalten nicht immer im Auge, dass zwar heute reichlich Futter vorhanden sein kann, dass das aber nicht in allen Jahreszeiten notwendig der Fall ist.

Es sei vorausgeschickt, dass ich die Bezeichnung »Kampf ums Dasein« in einem weiten, bildhaften Sinne gebrauche, der die Abhängigkeit der Wesen voneinander, und was noch wichtiger ist: nicht nur das Leben des Individuums, sondern auch seine Fähigkeit, Nachkommen zu hinterlassen, mit einschließt. Mit Recht kann man sagen, dass zwei hundeartige Raubtiere in Zeiten des Mangels um Nahrung und Dasein miteinander kämpfen; aber man kann auch sagen, eine Pflanze kämpfe am Rande der Wüste mit der Dürre ums Dasein. Von einer Pflanze, die jährlich Tausende von Samenkörnern erzeugt, von denen aber im Durchschnitt nur eines zur Entwicklung kommt, lässt sich mit noch viel größerem Rechte sagen, sie kämpfe ums Dasein mit jenen Pflanzen ihrer oder anderer Art, die bereits den Boden bedecken. In diesen verschiedenen Bedeutungen, die ineinander übergehen, gebrauche ich der Bequemlichkeit halber die allgemeine Bezeichnung »Kampf ums Dasein«.

Der Kampf ums Dasein ist die notwendige Folge des stark entwickelten Strebens aller Lebewesen, sich zu vermehren.

Jedes Wesen, das während seiner natürlichen Lebensdauer mehrere Eier oder Samen hervorbringt, muss in einer gewissen Zeit seines Lebens oder in einer bestimmten Jahreszeit vernichtet werden, weil sonst seine Zahl nach dem Prinzip der geometrischen Vermehrung so groß werden würde, dass kein Land das Erzeugte zu ernähren imstande wäre. Da also mehr Individuen ins Leben treten als bestehen können, so muss auf jeden Fall ein Kampf ums Dasein stattfinden, entweder zwischen Individuen derselben oder verschiedener Arten oder zwischen Individuen und äußeren Lebensbedingungen. Obwohl sich einige Arten mehr oder minder rasch vermehren: alle können es nicht tun, weil sonst die Erde sie nicht fassen könnte.

Es gibt keine Ausnahme von der Regel, dass sich jedes Lebewesen auf natürlichem Wege so stark vermehrt, dass, wenn es nicht der Vernichtung ausgesetzt wäre, die Erde bald von den Nachkommen eines einzigen Paares erfüllt sein würde. Selbst der sich langsam vermehrende Mensch verdoppelt in fünfundzwanzig Jahren seine Kopfzahl; wenn also alle Kinder heranwüchsen, würde seine Nachkommenschaft nach kaum einem Jahrtausend buchstäblich keinen Platz zum Stehen mehr finden.

Die Ursachen, die das natürliche Streben einer jeden Art nach Vermehrung beschränken, sind vollkommen unaufgeklärt. Man betrachte die lebenskräftigen Arten: Je größer ihre Zahl wird, desto größer wird auch ihr Streben nach weiterer Vermehrung. Wir kennen nicht einmal in einem Einzelfall genau die Hemmnisse, und das wird niemand überraschen, der bedenkt, wie wenig wir in dieser Beziehung selbst vom Menschen wissen, der doch unvergleichlich besser bekannt ist als irgendein Tier.

Die für jede Art vorhandene Nahrungsmenge bestimmt natürlich die äußerste Grenze, bis zu der sie sich vermehren kann. Oft ist aber auch nicht Nahrungsmangel, sondern die Beutegier anderer Tiere für die Durchschnittszahl einer Art maßgebend. Bei der Bestimmung der Durchschnittszahl einer Art spielt auch das Klima eine wichtige Rolle, und ich glaube, dass die periodische Wiederkehr äußerst trockener oder kalter Jahreszeiten das wirksamste aller Hemmnisse ist. Der Winter 1854 bis 1855 hat nach der geringen Anzahl der Nester im nachfolgenden Frühjahr zu urteilen auf meinem Grundbesitz etwa vier Fünftel aller Vögel vernichtet.

Dass das Klima hauptsächlich indirekt wirkt, indem es gewisse Arten begünstigt, erkennen wir deutlich an der verschwenderischen Fülle solcher Pflanzen in unsern Gärten, die unser Klima zwar ertragen, jedoch nicht heimisch werden, weil sie weder mit unseren Pflanzen konkurrieren noch der Vernichtung durch unsere einheimischen Tiere widerstehen können.

Bei jeder Art kommen wahrscheinlich verschiedene Hemmnisse in Betracht, die während verschiedener Lebenszeiten und während verschiedener Jahreszeiten wirken. Eins dieser Hemmnisse oder einige wenige sind gewöhnlich mächtiger als die andern, aber alle zusammen bestimmen die Durchschnittszahl oder gar die Existenz einer Art. In einzelnen Fällen lässt sich nachweisen, dass grundverschiedene Hemmungen dieselben Arten in verschiedenen Gegenden beeinflussen.

Darwin sagte einmal, er könne nicht begreifen, wieso die Menschen ihre Herkunft vom Tier als abstoßend empfänden, während es ihnen nichts ausmache, anzuerkennen, dass ihre unmittelbaren Vorfahren Barbaren gewesen seien, die sich tierischer als jedes Tier benahmen.

Kapitel 4:
Natürliche Zuchtwahl oder Überleben des Tüchtigsten

In diesem Kapitel setzt sich Charles Darwin sehr ausführlich mit dem Prozess der »natürlichen Zuchtwahl« auseinander und zieht dabei immer wieder Vergleiche zur Züchtung von Kulturpflanzen oder Haustieren durch den Menschen. Viele der Gegner von Charles Darwin lehnen diesen Begriff »natürliche Zuchtwahl« ab oder wollen ihn bewusst missverstehen. Deshalb beginnt Darwin auch mit einer Rechtfertigung dieses Begriffes, bevor er sich dem eigentlichen Vorgang zuwendet. Er behandelt in diesem Kapitel viele verschiedene Naturphänomene, die mit dem Überleben des Tüchtigsten zusammenhängen, unter anderem auch die »geschlechtliche Zuchtwahl«, die — wie etwa bei Pfauen oder Fasanen — zu extremen Unterschieden zwischen Männchen und Weibchen derselben Art führen kann.

Wie mag der im vorigen Kapitel erörterte Kampf ums Dasein die Variation beeinflussen? Gilt das Prinzip der Zuchtwahl, das in der Hand des Menschen so mächtig ist, auch in der Natur? Wir werden finden, dass es auch hier sehr wirksam sein kann. Wir wollen die endlose Zahl kleiner Verschiedenheiten und individueller Unterschiede, die bei unseren Haustieren und Kulturpflanzen sowie in geringerem Grade auch in der Natur vorkommen, im Auge behalten, und ebenso das strenge Gesetz der Vererbung.

Einige Autoren haben den Ausdruck »natürliche Zuchtwahl« missverstanden oder beanstandet. Manche glauben, die natürliche Zuchtwahl bringe Varietäten hervor, während sie doch nur solche Veränderungen festhält, die einem Organismus unter seinen Lebensverhältnissen nützen. Andere haben eingewendet, dass die Bezeichnung »Zuchtwahl« bewusstes Wählen seitens der abzuändernden Tiere bedeute, und es wurde hinzugefügt, dass die Pflanzen keinen Willen hätten und dass also der Ausdruck auf sie nicht passe. In solchem buchstäblichen Sinne ist die Bezeichnung »natürliche Zuchtwahl« allerdings falsch. Es wurde auch gesagt, ich spräche von der natürlichen Zuchtwahl als von einer tätigen Kraft oder Gottheit; wer aber wird einem Autor Vorhaltungen machen, wenn er von der Anziehungskraft sagt, sie beherrsche die Bewegung der Planeten? Jeder weiß, was mit solchen bildlichen Ausdrücken gemeint ist, die schon von der Kürze wegen nötig sind.

Wir werden den wahrscheinlichen Hergang der natürlichen Zuchtwahl am besten verstehen, wenn wir annehmen, eine Gegend unterliege irgendeiner Umweltveränderung, z.B. im Klima. Das Zahlenverhältnis seiner Bewohner wird sich dann sofort verschieben, und einzelne Arten werden wahrscheinlich aussterben. Hat das Gebiet offene Grenzen, so werden sofort neue Formen einwandern, und das wird gleichfalls die Beziehungen eines Teils der bisherigen Bewohnerschaft stören.

Wie im ersten Kapitel gezeigt wurde, haben wir Grund zu der Annahme, dass Änderungen der Lebensverhältnisse eine Neigung zur Variabilität hervorrufen. Und in den obengenannten Fällen setzten wir eine solche Veränderung voraus, was für die natürliche Zuchtwahl sicher insofern günstig war, als damit mehr Aussicht für das Auftreten nützlicher Variationen geschaffen wurde. Kommen diese nicht vor, kann die natürliche Zuchtwahl nicht wirken.

Wenn schon der Mensch durch seine planmäßige und unbewusste Zuchtwahl große Erfolge erzielt, was muss erst die natürliche Zuchtwahl erreichen können! Der Mensch kann nur auf äußere sichtbare Merkmale wirken; die Natur (wenn ich einmal das Überleben des Tüchtigsten personifizieren darf) fragt nicht nach dem Aussehen, es sei denn, dass es irgendeinem Wesen nütze; sie kann auch auf jedes innere Organ wirken, auf den kleinsten körperlichen Unterschied, auf die ganze Maschinerie des Lebens. Der Mensch wählt nur zu seinem Vorteil aus, die Natur nur zum Besten des Geschöpfes selbst.

Man kann im bildlichen Sinne sagen, die natürliche Zuchtwahl sei täglich und stündlich dabei, allüberall in der Welt die geringsten Veränderungen aufzuspüren und sie zu verwerfen, sobald sie schlecht sind, zu erhalten und zu vermehren, sobald sie gut sind; still und unsichtbar wirkt sie, wann und wo immer sich eine Gelegenheit bietet, an der Verbesserung der organischen Wesen [gemeint sind Lebewesen] und ihrer ... Lebensbedingungen. Wir sehen nichts von dieser langsam forschreitenden Veränderung, bis der Finger der Zeit selbst anzeigt, dass ein Zeitalter abgelaufen ist, und selbst dann noch ist unsere Einsicht in die vergangene geologische Epoche so schwach, dass wir höchstens bemerken, wie verschieden die bestehenden Lebensformen von denen der Vergangenheit sind.

Die natürliche Zuchtwahl kann einzig und allein zum Nutzen eines Wesens wirken, und wir sehen, dass sie auch Eigenschaften und Strukturen berücksichtigt, denen wir nur geringe Bedeutung zuschreiben. Wenn blattfressende Insekten grün und rindefressende Insekten graugesprenkelt sind, wenn das Alpenschneehuhn im Winter weiß ist und das schottische Schneehuhn die Farbe der Heide trägt, so müssen wir annehmen, dass diese Farben den Insekten und Vögeln nützen, insofern sie sie vor Gefahren behüten.

Wie im Zustande der Domestikation Eigentümlichkeiten oft bei einem Geschlecht erscheinen und nur auf dieses Geschlecht vererbt werden, so wird es zweifellos auch im Naturzustande der Fall sein. Dies veranlasst mich, einige Worte über das zu sagen, was ich »geschlechtliche Zuchtwahl« nenne. Diese Form der Zuchtwahl hängt nicht von einem Kampf ums Dasein mit anderen Lebewesen oder äußeren Umständen ab, sondern vom Kampf zwischen den Individuen eines Geschlechts, gewöhnlich des männlichen, um den Besitz des anderen. Das Schlussergebnis für den erfolglosen Mitbewerber ist nicht dessen Tod, sondern eine geringe oder gar keine Nachkommenschaft. In manchen Fällen hängt aber der Sieg weniger von der Körperkraft ab, als von besonderen, nur dem männlichen Geschlecht eigenen Waffen. Ein Hirsch ohne Geweih und ein Hahn ohne Sporen haben wenig Aussicht, zahlreiche Nachkommen zu hinterlassen. Eine geschlechtliche Zuchtwahl, die stets dem Sieger die Fortpflanzung ermöglicht, wird ihm feurigen Mut, starke Flügel und lange Sporen verleihen, ihn also ähnlich ausrüsten, wie ein brutaler Kampfhuhnzüchter es durch sorgfältige Auslese seiner besten Hähne versucht.

Wie tief hinab auf der Stufenleiter der Natur solche Kämpfe gehen, weiß ich nicht. Man hat männliche Alligatoren geschildert, die wie die Indianer beim Kriegstanz um den Besitz eines Weibchens kämpften und sich dabei brüllend im Kreise bewegten; man hat männliche Lachse tagelang kämpfen sehen; männliche Hirschkäfer weisen oft Wunden auf, die von den starken Kiefern der Nebenbuhler herrühren. Der unvergleichliche Herr Fabre hat häufig beobachtet, dass die Männchen gewisser Hautflügler [dazu gehören zum Beispiel die Bienen und Wespen] um ein Weibchen kämpfen; Letzteres weilt als scheinbar unbeteiligte Zuschauerin in der Nähe, um sich schließlich mit dem Sieger zu entfernen.

Kapitel 5:
Gesetze der Abänderung

Heute ist die Genetik, die Lehre, wie Merkmale vererbt werden und sich zum Beispiel durch Mutationen verändern können, eine hochentwickelte Wissenschaftsdisziplin. Zu Zeiten Darwins wusste man in dieser Hinsicht aber noch fast nichts, wie Darwin auch selbst betont. Im Kapitel 5 beschreibt er eine Fülle von Beispielen, die zeigen sollen, wie durch kleine, zufällige Variationen der Nachkommen und natürliche Zuchtwahl schließlich gut an ihre jeweilige Umwelt angepasste Organismen entstehen können.

Ich habe bis jetzt das Wort »Zufall« gebraucht, wenn von Veränderungen die Rede war, die bei Lebewesen im Zustand der Domestikation häufiger und bei solchen im Naturzustand seltener auftreten. Das Wort »Zufall« ist natürlich keine richtige Bezeichnung, aber sie lässt wenigstens unsere Unkenntnis der Ursachen besonderer Veränderungen durchblicken. Einige Naturforscher meinen, dass die Funktion der Fortpflanzung ebensowohl darin bestehe, individuelle Unterschiede oder geringe Körperabweichungen hervorzubringen, wie das Kind den Eltern gleichzumachen. Allein die größere Veränderlichkeit der Arten mit ausgedehntem als der mit beschränktem Verbreitungsgebiet führt zu der Annahme, dass die Veränderlichkeit im Allgemeinen von den Lebensbedingungen abhängt, denen die betreffenden Arten seit vielen Generationen ausgesetzt waren.

In gewissem Sinne kann man sagen, dass die Lebensbedingungen nicht nur direkt oder indirekt Abänderungen hervorrufen, sondern auch Veranlassung zur natürlichen Zuchtwahl geben, denn sie bestimmen, ob diese oder jene Varietät fortdauern soll. Und diese Wirkung entspricht dem Überleben des Tüchtigsten im Naturzustande.

Aus den im ersten Kapitel erwähnten Tatsachen geht meines Erachtens unzweifelhaft hervor, dass der Gebrauch gewisse Teile kräftigt und vergrößert, während der Nichtgebrauch sie schwächt; und es geht ferner daraus hervor, dass solche Modifikationen erblich sind.

Da die großen Erdvögel selten fliegen, wenn sie nicht vor Gefahren fliehen, so ist wahrscheinlich der beinahe flügellose Zustand einiger Vögel, die Inseln im Großen Ozean bewohnen und keiner ernsten Verfolgung ausgesetzt waren, auf Nichtgebrauch der Flügel zurückzuführen. Der Strauß bewohnt zwar Kontinente und ist Gefahren ausgesetzt, denen er sich nicht durch Fliegen entziehen kann, aber er kann sich durch Ausschlagen mit den Füßen fast ebenso gut gegen Feinde verteidigen wie manches Säugetier. Wir können annehmen, dass ein Vorfahr der Strauße eine Lebensweise wie etwa die Trappe führte, dass aber die Strauße im Laufe der langen Geschlechterfolge an Größe und Körpergewicht langsam zunahmen und mehr ihre Beine als ihre Flügel gebrauchten, bis sie zuletzt überhaupt nicht mehr fliegen konnten.

In manchen Fällen können wir auf das Konto des Nichtgebrauchs leicht Abänderungen des Körperbaus schreiben, die ganz oder größtenteils eine Folge natürlicher Zuchtwahl sind. Wollaston entdeckte die merkwürdige Tatsache, dass 200 von den Madeira bewohnenden 550 Käferarten so unvollkommene Flügel haben, dass sie nicht fliegen können, und dass von den 29 einheimischen Gattungen nicht weniger als 23 ausschließlich flugunfähige Arten enthalten.

Die Augen der Maulwürfe und einiger wühlender Nagetiere sind rückgebildet, zuweilen ganz von Haut und Pelz bedeckt. Das rührt wahrscheinlich vom Nichtgebrauch her, der vielleicht von der natürlichen Zuchtwahl unterstützt worden ist. Mehrere zu verschiedenen Klassen gehörige Tiere, die in den Höhlen von Kärnten [in Österreich] und Kentucky [in den USA] leben, sind blind. Bei einigen Krabben ist der Augenstiel noch vorhanden, obgleich das Auge verloren ging; das Teleskopgestell ist noch da, wenn auch das Teleskop mit seinen Gläsern dahin ist. Da selbst unnütze Augen für die im Finstern lebenden Tiere schwerlich schädlich sein können, so mag ihr Verlust wohl auf Nichtgebrauch beruhen.

Unsere Unkenntnis der Gesetze der Abänderung ist groß. Kaum in einem von hundert Fällen können wir sagen, wir wüssten den Grund, warum eigentlich dieser oder jener Teil sich verändert. Wo immer wir aber Vergleichsmöglichkeiten besitzen, da ergibt sich, dass die Erzeugung geringer Unterschiede zwischen Varietäten derselben Art und größerer zwischen Arten derselben Gattung von den gleichen Gesetzen beherrscht wird.

Was schließlich immer die Ursache der geringen Unterschiede zwischen Nachkommen und Eltern sein möge (und seine Ursache muss immer vorhanden sein): wir haben Grund zu der Annahme, dass es die stete Anhäufung nützlicher Unterschiede war, was alle wichtigen Veränderungen des Körperbaus in Beziehung zu den Lebensgewohnheiten einer jeden Art entstehen ließ.

Kapitel 6:
Schwierigkeiten der Theorie

Charles Darwin ist nicht nur ein exzellenter Naturbeobachter, sondern auch ein sehr kritischer Denker und geschickter Vermittler seiner Ideen. In diesem Kapitel lässt Darwin seine Leser teilhaben an den eigenen Zweifeln, die ihn bei der Entwicklung seiner Evolutionstheorie immer wieder beschäftigt haben und die er nun glaubt, als unbegründet verwerfen zu können. Die möglichen Einwände gegen seine Theorie vorwegzunehmen und zu entkräften, ist natürlich eine sehr elegante Vorgehensweise, um sich selbst als sorgfältigen Wissenschaftler darzustellen und die Kritiker vorab zu schwächen. Wir geben Euch hier nur eine sehr kurze Textauswahl aus Kapitel 6 zu lesen.

Schon ehe der Leser zu diesem Teil meines Werkes gelangte, wird ihm eine große Anzahl von Schwierigkeiten aufgefallen sein, und einige von ihnen sind so groß, dass ich bis heute nicht an sie denken kann, ohne dass ernste Zweifel in mir aufsteigen. Indessen sind die meisten nur scheinbar vorhanden, und die anderen können, wie ich glaube, meiner Theorie nicht gefährlich werden.

Diese Schwierigkeiten und Einwände lassen sich folgendermaßen zusammenfassen.

Erstens: Wenn die Arten durch unmerkliche Übergänge aus anderen Arten entstanden sind, warum finden wir dann nicht überall Übergangsformen? Warum besteht dann nicht in der Natur ein wirres Durcheinander von Formen, anstatt dass die Arten, wie wir sehen, wohl abgegrenzt sind?

Zweitens: Kann ein Tier, z.B. von dem Körperbau und den Lebensgewohnheiten der Fledermaus, durch Veränderungen eines anderen Tieres von ganz verschiedener Lebensweise und vollkommen anderem Körperbau entstehen? Können wir glauben, dass die natürliche Zuchtwahl einerseits ein Organ von geringer Bedeutung hervorbringt, z.B. den Schwanz der Giraffe, der als Fliegenwedel dient, und andererseits ein Organ, das so wunderbar ist wie das Auge?

Drittens: Können Instinkte [gemeint sind angeborene Triebe und Handlungsmuster] durch natürliche Zuchtwahl erworben und abgeändert werden? Was sollen wir zu dem Instinkt sagen, der die Biene zum Bau von Brutzellen und Bienenwaben veranlasst, die die Entdeckungen scharfsinniger Mathematiker praktisch vorwegnehmen?

Viertens: Warum sind Arten, die sich kreuzen, unfruchtbar, oder warum erzeugen sie unfruchtbare Nachkommen, während bei Varietäten die Fruchtbarkeit unvermindert bleibt?

Die beiden ersten Punkte sollen hier erörtert werden, einige andere Einwände im nächsten Kapitel, Instinkt und Bastardbildung in den beiden folgenden.

Da die natürliche Zuchtwahl nur durch Erhaltung der nützlichen Modifikationen wirkt, so wird jede neue Form in einer schon dicht bevölkerten Gegend bestrebt sein, ihre weniger verbesserte Stammform und andere weniger begünstigte Formen, mit denen sie in Wettbewerb tritt, zu verdrängen und schließlich auszurotten. Aussterben und natürliche Zuchtwahl gehen also Hand in Hand.

Da aber nach dieser Theorie unzählige Übergangsformen

bestanden haben müssen, warum finden wir denn nicht eine Menge solcher in den Schichten der Erdrinde eingebettet? Es wird besser sein, diese Frage in dem Kapitel über die Lückenhaftigkeit der geologischen Urkunden zu erörtern; hier will ich nur so viel sagen, dass meines Erachtens diese Urkunden sehr viel unvollständiger sind, als man gewöhnlich glaubt. Die Erdrinde ist ein großes Museum; aber ihre naturgeschichtliche Sammlung ist unvollständig und sagt über bedeutende Zeitabschnitte nichts aus.

Alles in allem glaube ich, dass Arten ziemlich gut abgegrenzte Objekte werden und niemals ein unentwirrbares Chaos variierender und vermittelnder Formen bilden. Erstens: weil neue Varietäten sehr langsam entstehen, denn die Variation ist ein langsamer Vorgang, und die natürliche Zuchtwahl kann nichts bewirken, bevor nicht nützliche individuelle Unterschiede oder Veränderungen da sind und bis nicht eine Stelle im Haushalt der Natur eines Gebietes durch Abänderung eines oder mehrerer seiner Bewohner besser besetzt werden kann.

Zweitens: viele heute zusammenhängende Gebiete müssen in noch verhältnismäßig junger Zeit unterbrochen gewesen sein. Formen, besonders solche, die sich für jede Geburt paaren und viel wandern, werden sich weit genug voneinander entfernt haben, um als stellvertretende Arten zu gelten. In diesem Falle müssen verbindende Varietäten zwischen den verschiedenen repräsentativen Arten und ihrer gemeinschaftlichen Stammart in jedem isolierten Teil des Gebiets existiert haben: diese Glieder werden jedoch während der Wirksamkeitsdauer der natürlichen Zuchtwahl ersetzt und vertilgt worden sein, so dass sie lebend nicht mehr vorkommen.

Drittens: wenn zwei oder mehr Varietäten in den verschie-

Darwins Vorläufer, der Naturforscher Lamarck, glaubte, die Giraffen hätten so lange Hälse, weil sie sich immer und immer wieder sehnsüchtig nach den hoch hängenden Blättern gereckt hätten. Diese erworbenen Eigenschaften hätten sie dann vererbt.

Darwin widerspricht der Auffassung von Lamarck, dass sich erworbene Eigenschaften vererben. Nach seiner Theorie probiert die Natur vielmehr alle möglichen Varianten aus. Die geeignetste setzt sich durch und vererbt ihre Anlagen, die anderen sterben aus.

denen Teilen eines zusammenhängenden Gebietes entstanden, so wird es wahrscheinlich anfangs in den Übergangszonen Zwischenvarietäten gegeben haben, die aber gewöhnlich nur von kurzer Dauer gewesen sein werden.

Schließlich: gilt meine Theorie nicht nur für eine, sondern für alle Zeiten, so müssen einmal zahlreiche Übergangsvarietäten gelebt haben, die alle Arten einer Gruppe eng miteinander verknüpften. Aber die natürliche Zuchtwahl strebt, wie schon sehr oft betont wurde, immer danach, sowohl die Stammform als auch die Zwischenglieder auszutilgen. Der Beweis ihrer früheren Existenz kann daher höchstens durch fossile Überreste erbracht werden, aber diese sind, wie ich später zeigen werde, nur in sehr unvollkommenem und unzusammenhängendem Zustand erhalten.

Kapitel 10:
Die Lückenhaftigkeit der geologischen Urkunden

Hier führt Charles Darwin den Gedanken aus Kapitel 6 fort. Er fragt, warum wir nicht alle die nach seiner Evolutionstheorie zu fordernden Übergangsformen zwischen den heute lebenden Arten wenigstens als Fossilformen finden. Seine Antwort ist klar und auch heute noch gültig: die »geologischen Urkunden«, also die fossilen Belege der Evolution sind unvollständig.

Im sechsten Kapitel habe ich die Haupteinwände aufgezählt, die mit Recht gegen die in diesem Werke aufgestellten Ansichten erhoben werden können. Die meisten sind schon erörtert worden. Einer von ihnen, nämlich die Verschiedenheit der spezifischen Formen und das Fehlen von zahlreichen Übergangsformen bietet offenbar große Schwierigkeiten.

Ich gab Gründe an, warum solche Zwischenglieder heute unter anscheinend günstigen Verhältnissen nicht häufig vorkommen. Ich versuchte zu zeigen, dass das Dasein der Arten mehr vom Vorhandensein bereits ausgeprägter organischer Formen als vom Klima abhängt und dass daher die wirklich maßgebenden Lebensbedingungen nicht so unmerklich ineinander übergehen wie Wärme oder Feuchtigkeit. Und ich versuchte ferner nachzuweisen, dass Zwischenvarietäten geringer an Zahl sind als die von ihnen verbundenen Formen und daher entsprechend den weiteren Abänderungen und Verbesserungen gewöhnlich aus dem Felde geschlagen werden und untergehen. Der Hauptgrund aber, weshalb gegenwärtig nicht überall in der Natur zahlreiche Zwischenglieder vorkommen, liegt in der natürlichen Zuchtwahl selbst, die fortwährend neue Varietäten an Stelle ihrer Stammformen erscheinen und diese ersetzen lässt. Aber gerade weil dieser Ausmerzungsvorgang so stark wirkte, muss auch die Zahl der einstigen Zwischenvarietäten sehr groß gewesen sein. Warum wimmelt also nicht jede geologische Formation [gemeint sind damit Gesteinsschichten verschiedener Erdzeitalter] und jede Schicht von Zwischengliedern? Die Geologie zeigt uns keineswegs eine ununterbrochene Kette organischer Wesen, und das ist vielleicht der ernsthafteste Einwand, der gegen meine Theorie erhoben werden kann. Die Erklärung liegt jedoch meines Erachtens in der Lückenhaftigkeit der geologischen Urkunden.

Vor allem müssen wir uns ins Gedächtnis zurückrufen, was für Zwischenformen nach meiner Theorie einst gelebt haben müssen. Sobald ich irgendwelche zwei Formen betrachtete, stellte ich mir unwillkürlich die direkten Zwischenglieder vor, aber das war ein Fehler; man muss vielmehr nach Formen suchen, die zwischen den Arten und ihrem unbekannten gemeinsamen Vorfahren stehen, und dieser wird in der Regel in vielfacher Hinsicht von seinen Nachkommen abweichen. Pfautaube und Kropftaube z.B. sind Nachkommen der Felsentaube. Besäßen wir alle Zwischenvarietäten, die je gelebt haben, so hätten wir zwar eine ununterbrochene Reihe zwischen beiden und der Felsentaube, aber keine direkten Zwischenvarietäten zwischen Pfautaube und Kropftaube.

Genauso ist es bei den natürlichen Arten. Wenn wir stark verschiedene Formen betrachten, z.B. Pferd und Tapir, so haben wir keinen Grund zu der Annahme, dass je zwischen ihnen direkte Bindeglieder bestanden, wohl aber zwischen jedem von ihnen und einer unbekannten gemeinsamen Stammform.

Nach der Theorie der natürlichen Zuchtwahl standen alle lebenden Arten mit der Stammart einer jeden Gattung in Verbindung, und die Unterschiede waren nicht größer, als wir sie gegenwärtig zwischen natürlichen und domestizierten Varietäten derselben Art finden. Die nun allgemein ausgestorbenen Stammformen hingen ihrerseits ähnlich mit noch älteren Formen zusammen, und so fort, bis zum gemeinsamen Stammvater jeder großen Klasse. Die Zahl der Binde- und Übergangsglieder zwischen allen lebenden und ausgestorbenen Arten muss daher unermesslich groß gewesen sein, und wenn meine Theorie richtig ist, so hat es dergleichen auf Erden gegeben.

Selbst wenn wir unsere reichsten geologischen Museen durchwandern, welche Ärmlichkeit zeigt sich da! Dass unsere Sammlungen äußerst unvollständig sind, wird jeder zugeben. Die Bemerkung des berühmten Paläontologen Edward Forbes, dass viele fossile Arten nur durch ein einziges, oft gar beschädigtes Stück oder nur durch wenige am gleichen Orte gesammelte Stücke bekannt sind, sollte nie vergessen werden. Nur kleine Teile der Erdoberfläche sind geologisch durchforscht worden und noch kein einziger sorgfältig genug, wie die wichtigen Entdeckungen dartun, die jedes Jahr in Europa gemacht werden. Kein weicher Organismus bleibt erhalten. Selbst Schalen und Knochen zerfallen und verschwinden auf dem Meeresboden an Stellen, wo keine Ablagerungen angehäuft sind. Vermutlich täuschen wir uns in der Annahme, dass fast überall auf dem Meeresboden genügend Sedimente lagern, um organische Überreste rasch einzubetten und aufzubewahren.

Hinsichtlich der Landbewohner, die während der sekundären und der paläozoischen Periode [also während früherer Erdzeitalter] lebten, sind unsere Sammlungen erst recht lückenhaft. Bis vor kurzem kannte man zum Beispiel keine Landschnecke dieser langen Perioden, außer einer von Lyell und Dawson in der Steinkohle entdeckten. Mit Bezug auf die Überreste der Säugetiere zeigt ein Blick auf die in Lyells Handbuch veröffentlichte historische Tafel besser als seitenlange Erörterungen, wie zufällig und selten deren Erhaltung ist.

Aber die Unvollständigkeit unserer geologischen Urkunden beruht großenteils auf einer anderen, wichtigeren Ursache als den genannten, nämlich darauf, dass zwischen den Gesteinsformationen lange Zeiträume liegen. Wenn man diese Gesteinsformationen tabellarisch dargestellt sieht oder ihnen in der Natur nachspürt, so kann man sich schwer der Annahme verschließen, dass sie ununterbrochen aufeinander folgen. Wir wissen aber zum Beispiel aus Murchisons großem Werk über Russland, welch große Lücken zwischen den aufeinanderliegenden Gesteinsformationen bestehen, und ebenso ist es in Nordamerika und in anderen Teilen der Erde. Auch der kenntnisreichste Geologe kann, wenn er seine Aufmerksamkeit ausschließlich auf diese großen Gebiete richtet, nicht ahnen, dass sich während der Zeiten, aus denen in seinem Lande keine Überreste erhalten blieben, anderswo große mit neuen und eigentümlichen Lebensformen angefüllte Sedimentmassen ansammelten.

Die verschiedenen hier erörterten Schwierigkeiten, dass wir in unseren geologischen Formationen zwar manche Bindeglieder zwischen lebenden und ausgestorbenen Arten finden, nicht aber die unendlich zahlreichen Übergänge zwischen allen aufeinanderfolgenden Arten – alle diese Tatsachen sind zweifellos von Gewicht. Wer unsere geologischen Urkunden für annähernd vollständig hält, muss meine Theorie verwerfen. Ich für meinen Teil halte, um Lyclls Bild zu gebrauchen, die geologischen Urkunden für eine unvollkommene Geschichte der Erde, die in wechselnden Dialekten geschrieben ist; von dieser Geschichte besitzen wir nur noch den letzten Band, der von zwei oder drei Ländern berichtet. Von diesem Band blieben nur einzelne kurze Kapitel erhalten, von jeder Seite nur etliche Zeilen. Jedes Wort der unmerklich wechselnden Sprache, mehr oder weniger verschieden in den aufeinanderfolgenden Formationen, zeigt uns die Lebensformen, die in den aufeinanderfolgenden Gesteinsformationen begraben liegen und uns den irrtümlichen Eindruck vermitteln, als seien sie urplötzlich erschienen. Von diesem Standpunkt aus vermindern sich die Schwierigkeiten oder verschwinden gar völlig.

Kapitel 15:
Zusammenfassung und Schluss

Hier fasst Charles Darwin seine Evolutionstheorie noch ein-
mal kurz zusammen und wagt einen Ausblick. Er weiß sehr
wohl um die epochale Bedeutung seines Werkes und deutet ei-
nige weitreichende Konsequenzen an – zum Beispiel, dass auch
der Mensch das Ergebnis der Evolution ist; andererseits will er
aber auch nicht allzu deutlich werden, um Leser nicht unnötig
gegen sich aufzubringen.

Da dieses ganze Werk nichts weiter ist als eine lange Kette
von Beweisen, so wird es dem Leser willkommen sein, wenn
ich die hauptsächlichsten Tatsachen und Folgerungen kurz
wiederhole.

Dass sich gegen die Theorie der Abstammung mit Modifikationen durch Abänderung und natürliche Zuchtwahl
viele gewichtige Einwände vorbringen lassen, bestreite ich
nicht. Ich war bemüht, sie ihrer Bedeutung nach zu berück-
sichtigen. Nichts erscheint auf den ersten Blick schwieriger
als der Glaube, dass die verwickelten Organe und Instinkte
nicht durch höhere, wenn auch der menschlichen Vernunft
analoge Kräfte vollkommener geworden sein sollen, sondern
durch die Anhäufung unzähliger geringer Abänderungen,
deren jede dem betreffenden Individuum nützlich war. Dennoch kann ich diese der Einbildungskraft fast unüberwind-
lich erscheinende Schwierigkeit nicht für wesentlich halten,
sofern man das Folgende zugibt: dass erstens alle Teile der
Organisation und alle Instinkte mindestens individuelle Unterschiede aufweisen, dass zweitens ein Kampf ums Dasein
besteht, der zur Erhaltung der vorteilhaften Abweichungen

des Körperbaus oder der Instinkte führt, und dass drittens Abstufungen, deren jede in ihrer Art gut war, in der Vollkommenheit eines jeden Organs bestanden haben. Die Richtigkeit dieser Sätze ist meines Erachtens nicht zu bestreiten.

Es ist zweifellos schwierig, auch nur zu vermuten, durch welche Abstufungen dieser oder jener Körperteil vervollkommnet worden ist, besonders bei unterbrochenen und fehlenden Gruppen von Lebewesen, die sehr unter dem Aussterben litten. Aber wir finden so zahlreiche merkwürdige Übergänge in der Natur, dass wir sehr vorsichtig sein müssen mit der Behauptung, ein Organ, ein Instinkt oder ein ganzes Gebilde könne seinen jetzigen Zustand nicht stufenweise erlangt haben.

In Übereinstimmung mit der Theorie der natürlichen Zuchtwahl muss eine unendliche Zahl von Zwischenformen gelebt haben, die in allmählichen Übergängen die Arten der Gruppen verbanden, wie es ganz ähnlich bei den Varietäten der Fall ist; man könnte deshalb fragen, warum wir diese Bindeglieder nicht finden. Und warum bilden ferner nicht alle Lebewesen ein unentwirrbares Chaos? Hinsichtlich der heute lebenden Formen müssen wir im Auge behalten, dass wir kein Recht haben, unmittelbare Bindeglieder zwischen ihnen zu erwarten, sondern nur solche, die zwischen einer noch lebenden und einer ausgestorbenen Form vermitteln.

Wenn wir annehmen, dass eine unendliche Zahl von verbindenden Formen zwischen den lebenden und ausgestorbenen Bewohnern der Erde sowie zwischen den ausgestorbenen und noch älteren Arten der aufeinanderfolgenden Perioden vernichtet worden sind, warum sind dann nicht alle geologischen Formationen von solchen Zwischengliedern erfüllt? Warum liefert nicht jede Sammlung fossiler Überreste den klaren Beweis für eine allmähliche Abstufung und Umwandlung der Lebensformen? Obgleich die Geologie unzweifelhaft das einstige Vorkommen zahlreicher Zwischenglieder erwiesen hat, die mannigfache Lebensformen näher zusammenbringen, liefert sie uns doch bei weitem nicht jene unendlich zahlreichen Übergangsformen zwischen den früheren und heutigen Arten, die meine Theorie verlangt; und das ist der stärkste der vielen Einwände, die gegen Letztere vorgebracht wurden.

Ich kann diesen Fragen und Einwänden nur die Antwort entgegenstellen, dass die geologischen Urkunden viel unvollkommener sind, als die meisten Geologen ahnen. Die Menge, der in unseren Sammlungen aufbewahrten Stücke ist nichts im Vergleich zu den zahllosen Generationen unzähliger Arten, die zweifellos gelebt haben.

Dass die geologischen Urkunden lückenhaft sind, wird allgemein zugegeben, dass sie aber bis zu dem von meiner Theorie geforderten Grad unvollständig sind, räumen nur wenige ein. Wenn wir genügend lange Zeiträume voraussetzen, so erklärt uns die Geologie auf das deutlichste, dass sich die Arten sämtlich verändert haben, und zwar in der von meiner Theorie verlangten Art, nämlich langsam und stufenweise. Wir ersehen das klar aus den fossilen Überresten aufeinanderfolgender Formationen, die immer enger untereinander verwandt sind als die Fossilien weit auseinander liegender Formationen.

Das sind nun die hauptsächlichsten Einwände und Bedenken, die mit Recht gegen meine Theorie erhoben worden sind; ich habe in aller Kürze die Antworten wiederholt, die meines Erachtens darauf gegeben werden können. Ich selbst habe diese Schwierigkeiten jahrelang zu deutlich empfunden, als dass ich ihr Gewicht bezweifeln könnte. Allein, es verdient besondere Beachtung, dass sich die wichtigeren Einwände auf Fragen beziehen, über die wir eingestandenermaßen nichts wissen; wir ahnen nicht einmal, wie wenig wir wissen.

Wenden wir uns nun der anderen Seite unserer Beweisführung zu. Im Zustande der Domestikation nehmen wir eine große Veränderlichkeit wahr, hervorgebracht oder wenigstens veranlasst durch die veränderten Lebensbedingungen; oft ist das freilich in so verschleierter Weise der Fall, dass wir versucht sind, diese Veränderungen für spontane zu halten.

Die Variabilität wird eigentlich nicht vom Menschen hervorgerufen. Er setzt nur unabsichtlich die Lebewesen neuen Bedingungen aus, und die Natur wirkt dann auf die Organisation und verursacht deren Veränderung. Aber der Mensch kann (und tut das auch) die ihm von der Natur gebotenen Variationen auswählen und in der gewünschten Weise anhäufen. Auf diese Weise passt er Tiere und Pflanzen seinem eigenen Vorteil oder seinen Sportzwecken an. Er tut es entweder planmäßig oder unbewusst, indem er, ohne die Absicht zur Veränderung der Rasse zu haben, die ihm nützlichsten oder angenehmsten Individuen zur Nachzucht auswählt.

Ich sehe keinen Grund, warum diese im Zustande der Domestikation wirksamen Prinzipien nicht auch im Naturzustande wirksam sein sollten. In der Erhaltung begünstigter Individuen und Rassen im stets von neuem entbrennenden Daseinskampfe sehen wir ein mächtiges fortwährend wirkendes Mittel der natürlichen Zuchtwahl. Der Kampf ums Dasein ist eine unvermeidliche Folge der starken Vermehrung der Lebewesen …

Ich habe nun die Tatsachen und Betrachtungen zusam-

Bischof Wilberforce, Darwins schärfster Gegner, bestand darauf, Gott habe die Welt in sechs Tagen erschaffen und alle Tiere seien auf einen Schlag erschienen, so wie es in der Bibel steht. Die »Kreationisten« glauben das heute noch.

mengefasst, die mich überzeugt haben, dass die Arten in langer Geschlechterfolge modifiziert [verändert] worden sind. Dies geschah vorwiegend durch die natürliche Zuchtwahl mit zahlreichen aufeinanderfolgenden, geringen, aber nützlichen Abänderungen, unterstützt durch die erblichen Wirkungen des Gebrauchs und Nichtgebrauchs der Teile, in geringerem Grade … durch den unmittelbaren Einfluss äußerer Bedingungen sowie durch Variationen, die wir infolge unserer Unkenntnis für spontane halten.

Es ist kaum anzunehmen, dass eine falsche Theorie so ausgezeichnet die verschiedenen angeführten Tatsachen zu erklären vermöchte wie die Theorie der natürlichen Zuchtwahl. Man hat behauptet, meine Art der Beweisführung sei unklar. Allein ich verwende die gleiche Methode, die bei der Beurteilung der gewöhnlichen Lebenserscheinungen benutzt und oft von den größten Naturforschern angewandt worden ist.

Ich sehe keinen vernünftigen Grund, warum die in diesem Werke entwickelten Ansichten irgendwie religiöse Gefühle verletzen sollten. … Ein berühmter geistlicher Schriftsteller schrieb mir, er habe »allmählich einsehen gelernt, dass es ebenso erhaben sei, von der Gottheit zu glauben, sie habe nur wenige der Fortentwicklungen zu anderen Formen fähige Ursprungstypen erschaffen, als anzunehmen, sie habe immer neue Schöpfungsakte ins Werk setzen müssen, um die durch die Wirkung ihrer Gesetze verursachten Lücken auszufüllen«.

Obgleich ich von der Richtigkeit der auszugsweise in diesem Werke mitgeteilten Ansichten durchaus überzeugt bin, erwarte ich keineswegs auch die Zustimmung solcher Naturforscher, deren Geist von Tatsachen erfüllt ist, die sie jahrzehntelang von einem entgegengesetzten Standpunkt aus ansahen. Es ist ja leicht, seine Unwissenheit hinter Ausdrücken wie »Schöpfungsplan«, »Einheit der Absicht« usw. zu verbergen und zu behaupten, man gebe eine Erklärung, während man lediglich eine Tatsache mit etwas anderen Worten feststellt.

Man könnte noch fragen, wie weit ich die Theorie einer Umwandlung der Arten ausdehne. Die Frage ist schwer zu beantworten, denn je verschiedener die Formen sind, die wir betrachten, desto geringer an Zahl und Wucht werden die zugunsten der gemeinsamen Abstammung sprechenden Beweise. ... Ich glaube, dass die Tiere von höchstens vier oder fünf Vorfahren abstammen, die Pflanzen von derselben oder einer noch kleineren Anzahl.

Die Analogie [vergleichende Betrachtung] würde mich noch einen Schritt weiter führen, nämlich zu der Annahme, dass alle Tiere und Pflanzen von einer einzigen Urform abstammen. Aber die Analogie ist als Führerin unzuverlässig. Trotzdem haben alle lebenden Wesen sehr vieles gemeinsam in ihrer chemischen Zusammensetzung, ihrem Zellenbau, ihren Wachstumsgesetzen und ihrer Empfindlichkeit gegen schädliche Einflüsse.

Wenn die Ansichten, die ich in diesem Werke entwickelte und die von Wallace bestätigt wurden, oder wenn ähnliche Ansichten über die Entstehung der Arten allgemein zugegeben werden, so muss, wie wir dunkel voraussehen können, eine große Umwälzung der Naturwissenschaften die Folge sein. Die Systematiker [die Wissenschaftler, die Tiere und Pflanzen bestimmen und benennen] werden ihre Arbeiten so wie bisher verfolgen können, aber sie werden nicht mehr von Zweifeln geplagt werden, ob diese oder jene Formen echte Arten seien, und das bedeutet für sie, wie ich aus Erfahrung weiß, keine kleine Erleichterung.

Die anderen, allgemeineren Zweige der Naturgeschichte werden bedeutend an Interesse gewinnen. ... Wenn wir die Lebewesen nicht mehr so betrachten, wie etwa die Naturvölker ein Schiff, das heißt als etwas über unsere Begriffe Gehendes; wenn wir vielmehr die Tiere und Pflanzen als etwas ansehen, das eine lange Geschichte hat, und in jedem zusammengesetzten Gebilde oder in jedem Instinkt das Gesamtergebnis vieler für seinen Besitzer nützlicher Abänderungen erblicken ... − wenn wir in solcher Weise die Lebewesen betrachten, so wird das Studium der Naturwissenschaft wesentlich fesselnder sein.

In einer fernen Zukunft sehe ich ein weites Feld für noch bedeutsamere Forschungen. Die Psychologie [die Wissenschaft, die sich mit dem Erleben und Verhalten des Menschen befasst] wird sicher auf der von Herbert Spencer geschaffenen Grundlage weiterbauen: dass jedes geistige Vermögen und jede Fähigkeit nur allmählich und stufenweise erlangt werden kann. Licht wird auch fallen auf den Menschen und seine Geschichte.

Sehr bedeutende Autoren scheinen von der Ansicht einer unabhängigen Erschaffung der einzelnen Arten durchaus befriedigt zu sein. Meines Erachtens stimmt es nach allem, was wir wissen, besser mit den vom Schöpfer der Materie eingeprägten Gesetzen überein, dass das Entstehen und Vergehen der früheren und heutigen Erdenbewohner genauso wie Geburt und Tod der Individuen eine Folge sekundärer Ursachen ist. Wenn ich die Organismen nicht als Sonderschöpfungen, sondern als unmittelbare Nachkommen weni-

Nach Darwins Meinung hat sich die Schöpfung unendlich langsam entwickelt. Vor Millionen Jahren trennten sich die Wege unserer Vorfahren. Aus einer Linie entstand der Mensch, aus den andern die Menschenaffen. Diese beiden Entwicklungslinien sind heute durch viele Fossilfunde gut belegt.

ger Wesen betrachte, … so scheinen sie mir dadurch veredelt zu werden.

Da alle lebenden Formen die unmittelbaren Nachkommen derjenigen sind, die lange vor der kambrischen Epoche [ein etwa 500 Millionen Jahre zurückliegendes Erdzeitalter] lebten, so können wir sicher sein, dass die regelmäßige Aufeinanderfolge der Geschlechter nie unterbrochen war und dass keine Sintflut die Erde verwüstete. Wir dürfen deshalb auch vertrauensvoll eine Zukunft von riesiger Dauer erhoffen. Und da die natürliche Zuchtwahl nur durch und für den Vorteil der Geschöpfe wirkt, so werden alle körperlichen Fähigkeiten und geistigen Gaben immer mehr nach Vervollkommnung streben.

Wie anziehend ist es, ein mit verschiedenen Pflanzen bedecktes Stückchen Land zu betrachten, mit singenden Vögeln in den Büschen, mit zahlreichen Insekten, die durch die Luft schwirren, mit Würmern, die über den feuchten Erdboden kriechen, und sich dabei zu überlegen, dass alle diese so kunstvoll gebauten, so sehr verschiedenen und doch in so verzwickter Weise voneinander abhängigen Geschöpfe durch Gesetze erzeugt worden sind, die noch rings um uns wirken. … Es ist wahrlich etwas Erhabenes um die Auffassung, dass der Schöpfer den Keim alles Lebens, das uns umgibt, nur wenigen oder gar nur einer einzigen Form eingehaucht hat und dass, während sich unsere Erde nach den Gesetzen der Schwerkraft im Kreise bewegt, aus einem so schlichten Anfang eine unendliche Zahl der schönsten und wunderbarsten Formen entstand und noch weiter entsteht.

V

Schauen wir uns nach dieser Leseprobe aus zwei besonders populären Büchern von Charles Darwin nun noch an, wie die Umwelt auf die Veröffentlichung seiner Evolutionstheorie reagiert hat. Wir wollen dies anhand seines sehr aufschlussreichen Briefwechsels mit Freunden tun. Der erste Brief ist insofern interessant, als er an Alfred Russel Wallace geht. Er ist wie Darwin ein erfolgreicher Naturforscher, der vor allem in Malaysia gearbeitet und völlig unabhängig von Darwin eine nahezu gleiche Evolutionstheorie entwickelt hat. Diese Schrift von Wallace erhielt Darwin am 7. August 1859, also kurz vor der Veröffentlichung seines eigenen Buches »Die Entstehung der Arten«. Während Wallace offensichtlich dieselbe Auffassung wie Charles Darwin vertritt, ist Sir Richard Owen, ein Paläontologe, dem wir den Begriff »Dinosaurier« verdanken, ein vehementer und auch nicht sehr sympathischer Gegner der Darwin'schen Evolutionstheorie. Thomas Huxley, aber auch der berühmte Geologe Charles Lyell unterstützten Darwin dagegen nachdrücklich.

Briefwechsel mit Freunden

Brief an A. R. Wallace 9. August 1859

Down Bromley Kent

9. August 1859

Mein lieber Mr. Wallace,

ich habe Ihren Brief und Ihre Denkschrift am 7. erhalten und werde sie morgen an die Linnean Society [eine berühmte wissenschaftliche Gesellschaft in London] weiterleiten. Sicher ist Ihnen jedoch bekannt, dass es bis Anfang November keine Sitzung geben wird. Ich bewundere Inhalt, Stil und Argumentation Ihres Aufsatzes sehr und danke Ihnen für Ihre Erlaubnis, ihn vorzutragen. Hätte ich ihn vor einigen Monaten gelesen, hätte ich ihn noch für mein in Kürze erscheinendes Buch verwenden können. Doch meine beiden Kapitel zu diesem Gegenstand sind bereits gesetzt; wenn auch noch nicht korrigiert, aber ich bin so ausgelaugt und von schwacher Gesundheit, dass ich gänzlich entschlossen bin, nicht ein Wort hinzuzufügen und nur den Stil zu verbessern. So werden Sie sehen, dass meine Ansichten nahezu die nämlichen sind wie die Ihrigen, und Sie dürfen sich darauf verlassen, dass nicht ein Wort aufgrund meiner Lektüre Ihrer Gedanken geändert werden wird. …

Owen, da hege ich keinen Zweifel, wird uns erbittert widersprechen; dem schenke ich jedoch kaum Beachtung; denn er ist kein sonderlich logischer Denker und gibt sehr viel auf die gute Meinung der Welt, insbesondere der aristokratischen.

Hooker gibt eine grandiose Einführung in die Flora Australiens heraus und ist durchweg auf unserer Seite. Ich habe Fahnen [Druckfahnen des Buches] von etwa der Hälfte gesehen.

Mit allen guten Wünschen. Wissen Sie mich Ihren Ihnen treu ergebenen C. Darwin. Entschuldigen Sie die Kürze, aber es geht mir überhaupt nicht gut.

Brief an Charles Lyell 20. September [1859]

Down Bromley Kent
20. Sept.

Mein lieber Lyell,

Sie haben mir einst tiefe Freude oder vielmehr Entzücken bereitet, durch die von mir völlig unerwartete Manier, in der Sie sich für meine Gedanken über die Korallenriffe interessierten; und nun haben Sie mir wieder ein ähnliches Vergnügen bereitet mit der Art, in der Sie mein Werk über die Arten angekündigt haben. Nichts hätte mir mehr Befriedigung gewähren können, und ich danke Ihnen von meiner Seite und noch mehr von der des Gegenstandes, da ich wohl weiß, Ihr Urteil wird viele dazu veranlassen, ihn angemessen in Erwägung zu ziehen, anstatt ins Lächerliche. Auch wenn Ihre zuvor empfundenen Zweifel an der Unwandelbarkeit der Arten vielleicht mehr Einfluss auf Ihre Bekehrung (wenn dem so sei) hatte als mein Buch; doch da Ihr Urteil in meinen Augen und, ich glaube, auch in den Augen der Welt so viel wichtiger ist als das Dutzender anderer Männer, bin ich natürlich sehr begierig dasselbe zu hören. Gestatten Sie mir daher, Sie zu bitten, sich noch kein abschließendes Urteil zu bilden, ehe Sie (in ungefähr vierzehn Tagen) meine letzten Kapitel erhalten, welche für die günstige Seite die wichtigsten von allen sind. Das letzte Kapitel, das alles Für und Wider zusammenfasst und als Ganzes abwägt, wird Ihnen, so glaube ich, von Nutzen sein.

Ich kann meine Überzeugung von der allgemeinen Wahrheit meiner Thesen nicht stark genug hervorheben, und Gott weiß, ich habe keine Mühen gescheut. Ich bin auf närrische Weise erpicht auf Ihr Urteil. Es ist jedoch nicht so, dass ich enttäuscht wäre, wenn Sie nicht bekehrt würden; denn ich erinnere mich an die langen Jahre, die ich gebraucht habe, um meine Meinung zu ändern, aber ich wäre auf das Innigste entzückt, wenn Sie es täten, insbesondere wenn ich einen angemessenen Anteil an Ihrer Bekehrung hätte. Dann hätte ich das Gefühl, meine Laufbahn vollendet zu haben, und es würde mich kaum kümmern, ob ich in diesem Leben noch einmal zu etwas nütze bin. …

Mit herzlichem Dank für die glänzende Ankündigung meines Buches. Wissen Sie mich, mein lieber Lyell, Ihren Sie stets verehrenden Schüler Charles Darwin …

Brief an Leonard Jenyns 13. November [1859]
Wells Terrace, Ilckley, Otley, Yorkshire
13. Nov.

Mein lieber Jenyns,

ich muss Ihnen für Ihren sehr freundlichen Brief danken, der mir aus Down nachgesandt wurde. Ich bin diesen Sommer bei sehr schlechter Gesundheit und unterziehe mich seit sechs Wochen hier einer hydrotherapeutischen Behandlung, bis jetzt mit sehr wenigem Erfolg. Ich werde mich mindestens noch vierzehn Tage hier aufhalten.

Bitte bedenken Sie, dass mein Buch nur eine Kurzfassung ist und sehr komprimiert und sehr sorgfältig gelesen werden muss, um verstanden zu werden. Ich wäre sehr dankbar für jede Kritik. Doch ich weiß wohl, dass Sie durchaus nicht damit einverstanden sein werden, wie weit ich gehe. Ich selbst habe lange Jahre gebraucht, um mich zu bekehren. Ich könnte mich natürlich in einem ungeheueren Irrtum befinden; aber ich kann mich nicht überreden, dass eine Theorie, die mehrere große Klassen von Tatsachen erklärt (was sie meiner Ansicht nach gewiss tut), zur Gänze falsch sein kann, ungeachtet der vielen Schwierigkeiten, die irgendwie überwunden werden müssen und die selbst mich bis zum heutigen Tag noch ins Wanken bringen.

Ich wünschte, meine Gesundheit hätte es mir gestattet, in extenso zu publizieren; wenn ich je wieder kräftig genug werde, werde ich dies tun, da der größere Teil schon niedergeschrieben ist, aus welchem der gegenwärtige Band nur ein Auszug ist.

Ich fürchte, dieser Brief ist beinahe unlesbar, aber ich bin elend und kann kaum aufrecht sitzen.

Leben Sie wohl, mit Dank für Ihren freundlichen Brief und die schönen Erinnerungen an die guten alten Zeiten, stets Ihr C. Darwin

Brief an T. H. Huxley 24. [November 1859]
Ilkley Wells House, Otley, Yorkshire
24.

Mein lieber Huxley,
ich habe heute von Murray gehört, dass er die ganze Auflage meines Buches am ersten Tag verkauft hat und sofort eine weitere möchte, was mich sehr einschränkt, da ich kaum Korrekturen anbringen kann. …

Vergessen Sie nicht, wie zutiefst ich mir wünsche, Ihren allgemeinen Eindruck von der Richtigkeit der Theorie der natürlichen Auslese zu erfahren. – Nur eine kurze Nachricht. – Wenn Sie längere Kritik haben, wäre ich Ihnen zu einem zukünftigen Zeitpunkt unendlich dankbar dafür. Sie wissen sicher, wie hoch ich Ihre Meinung schätze. –

In Eile, denn diese neue Auflage quält mich zu Tode. Stets Ihr C. Darwin

Brief an Charles Lyell [10. Dezember 1859]

Down Bromley Kent

Samstag

Mein lieber Lyell

… Ich [hatte ein] sehr langes Gespräch mit Owen, von dem Sie vielleicht gern hören würden, aber wiederholen Sie bitte nichts davon. Unter dem Mäntelchen größter Artigkeit neigt er dazu, sich mir gegenüber äußerst bitter und höhnisch zu benehmen. Doch schließe ich aus mehreren Formulierungen, dass er *im Grunde* sehr stark mit uns übereinstimmt. – Er war ziemlich erbost und puterrot, weil ich seinen Namen unter den Verteidigern der Unwandelbarkeit [gemeint ist die Unwandelbarkeit der Arten] aufgeführt habe. Als ich sagte, dies sei mein Eindruck sowie der von anderen, denn mehrere haben mir gegenüber bemerkt, er sei entschieden gegen mich, sprach er über seine Stellung in der Wissenschaft und die aller Naturforscher in London, »mit Ihren Huxleys« mit einem für mich bisher unerreichten Ausmaß an Arroganz. Er sagte sinngemäß, dass meine Erklärung die beste sei, die je über die Bildung der Arten publiziert worden sei. Ich sagte, ich sei sehr froh, das zu hören. Er schnitt mir das Wort ab: »Sie dürfen keineswegs annehmen, dass ich in jeder Hinsicht einverstanden bin.« Ich sagte, ich hielte es nicht für wahrscheinlicher, in fast allen Punkten recht zu haben, als dass ein Penny, den man in die Luft wirft, zwanzig Mal hintereinander Kopf zeigt.

Ich fragte ihn, welche er für die schwächsten Teile hielte. Er sagte, er habe keine besonderen Einwände gegen irgendeinen Teil. Und fügte in höhnischstem Tonfall hinzu: Wenn ich etwas kritisieren soll, dann sage ich, »wir wollen nicht wissen, was Darwin glaubt und wovon er überzeugt ist, sondern was er beweisen kann«. Ich stimmte ihm völlig und aufrichtig zu, dass ich wahrscheinlich in dieser Hinsicht sehr gesündigt habe und verteidigte meine allgemeine Argumentationsrichtung: Ich habe eine Theorie erfunden, um zu sehen, wie viele Gruppen von Tatsachen diese Theorie stützen würden. – Ich fügte hinzu, dass ich danach streben würde, das »glaubt« und »überzeugt« zu modifizieren. Er unterbrach mich: »Dann werden Sie Ihr Werk zerstören, denn der Zauber daran (!) ist, dass es Darwin selbst ist!« Er wandte weiterhin ein, dass das Buch zu »teres adque rotundus« [wie eine Kugel abgerundet und vollkommen] sei. Es erkläre alles, und es sei in höchstem Maße unwahrscheinlich, dass ich damit Erfolg hätte. Ich pflichtete diesem recht bizarren Einwand bei, und es läuft darauf hinaus, dass mein Buch entweder sehr gut sein muss oder sehr schlecht. – Zum Schluss dankte ich ihm für seine Kritik an Bär und Wal und sagte, ich habe die Stelle gestrichen. – »Oh, tatsächlich, die Stelle hat mich mehr beeindruckt als jeder andere Abschnitt; Sie wissen nur wenig über die bemerkenswerte und wesentliche Beziehung zwischen Bären und Walen.«

Ich werde ihm den Verweis schicken, und bei Jupiter, ich

glaube, er denkt, der Großpapa der Wale war eine Art Bär!
Ich weiß nicht, ob ich Sie mit diesen Einzelheiten ermüdet
habe, die Sie niemandem wiederholen sollten. − Wir trennten uns mit Worten der Hochachtung, was ich im Nachhin-
ein fast bedauere. − Er ist der seltsamste Mann, dem ich je
begegnet bin.

Leben Sie wohl, mein lieber Lyell, Ihr sehr dankbarer C.
Darwin
Ich hörte um mehrere Ecken herum, Herschel habe gesagt,
mein Buch sei »das Gesetz von Kraut und Rüben«. Was genau er damit meint, weiß ich nicht, aber es ist offenkundig
etwas sehr Verächtliches. − Wenn es stimmt, ist das ein großer Schlag und eine Entmutigung.

Brief an T. H. Huxley 28. Dezember [1859]
Down Bromley Kent
28. Dez.

Mein lieber Huxley,
als ich gestern abend die Times vom Vortag las, fand ich zu
meinem Erstaunen einen glänzenden Essay und eine glänzende Besprechung meines Buches. Wer könnte der Autor
sein? Ich platze vor Neugier. Er enthielt ein Loblied auf
mich, welches mich ziemlich rührte, obschon ich nicht eitel
genug bin, es für gänzlich verdient zu halten. − Der Verfasser
ist Literat ... Er hat mein Buch sehr aufmerksam gelesen;
aber das Bemerkenswerte ist, dass er ein gründlicher Naturforscher zu sein scheint. Er kennt mein Cirripedienbuch
[Darwins Buch über die Entenmuscheln] und schätzt es sehr
hoch. Am Ende schreibt und denkt er mit ungewöhnlicher
Kraft und Klarheit; und was noch seltener ist: Sein Stil ist

mit dem angenehmsten Witz gewürzt. Wir alle haben herzlich über einige der Sätze gelacht. Ich war begeistert über
diese unvernünftigen Sterblichen, welche alles wissen und
es für passend erachten, sich alle auf unsere Seite zu stellen.
Wer kann es sein? Gewiss hätte ich gesagt, dass es nur einen
Mann in England gibt, der diesen Artikel geschrieben haben
könnte und dass *Sie* dieser Mann sind. Doch vermutlich irre
ich mich, und es gibt noch ein verborgenes Genie von großem Format. Denn wie hätten Sie Jupiter Olympus [hier ist
der Verleger gemeint] so überreden können, 3½ Spalten der
reinen Wissenschaft zu widmen? Die alten Käuze werden
glauben, das Ende der Welt sei gekommen.

Doch gut, ganz gleich, wer der Mann ist, er hat der Sache
einen großen Dienst erwiesen, einen weitaus größeren als
mit einem Dutzend Besprechungen in den üblichen Zeit-
schriften. Die grandiose Art, in welcher er sich über gängi-
ge religiöse Vorurteile hinwegsetzt und die Duldung solcher
Ansichten in der Times, betrachte ich als höchst bedeutsam,
ganz unabhängig von der bloßen Frage der Arten. Sollten
Sie zufällig mit dem Autor *bekannt* sein, sagen Sie mir um
Himmels willen, wer er ist. –

Mein lieber Huxley, aufrichtigst der Ihrige

C. Darwin

VI

Charles Darwin war ein leidenschaftlicher Wissenschaftler und Beobachter, der auch vor seiner Familie und sich selbst nicht haltmachte. So führt er am Ende seiner Lebensbeschreibung durchaus mit Stolz, aber eben auch fair und mit Selbstkritik nochmals seine wichtigsten Bücher auf und berichtet ehrlich über seine persönlichen Stärken und Schwächen sowie über seine Veränderungen der Persönlichkeit.

»Ich habe so angestrengt und so gut gearbeitet«

In diesem Zusammenhang muss ich bemerken, dass ich beinahe immer von meinen Kritikern anständig behandelt worden bin, wobei ich diejenigen ohne wissenschaftliche Kenntnisse als nicht erwähnenswert beiseite lasse. Meine Ansichten sind häufig grob entstellt, mit Bitterkeit angegriffen und lächerlich gemacht worden; das ist aber, wie ich glaube, meist in gutem Glauben getan worden. … Im Ganzen zweifle ich nicht daran, dass meine Arbeiten wiederholt bedeutend über Gebühr gepriesen worden sind. Ich freue mich darüber, dass ich Streitigkeiten vermieden habe, und das verdanke ich Lyell, der mir vor vielen Jahren mit Rücksicht auf meine geologischen Arbeiten dringend riet, mich niemals in einen Streit verwickeln zu lassen, da ein solcher selten etwas Gutes bewirke und einen elenden Verlust an Zeit und Stimmung verursache.

Darwins Ehefrau Emma, mit der er zehn Kinder hatte, war sehr fromm. Um sie nicht zu kränken, aber auch weil er immer sehr sorgfältig arbeitete, veröffentlichte er seine Evolutionstheorie erst nach Jahrzehnten, als ein anderer, nämlich Alfred Russel Wallace, ihm beinahe zuvorgekommen wäre. Die letzten Jahre seines Lebens erforschte Darwin das Leben der Regenwürmer.

Sooft ich nur immer bemerkt hatte, dass ich mich versehen habe oder dass meine Arbeit unvollkommen sei, und wenn ich verächtlich kritisiert wurde und selbst wenn ich über Gebühr gelobt wurde, so dass ich mich gedemütigt fühlte, ist es meine größte Beruhigung gewesen, mir selbst Hunderte Male zu sagen: »Ich habe so angestrengt und so gut gearbeitet, wie ich nur konnte, und kein Mensch kann mehr als das tun.« Ich erinnere mich, als ich in der Good Success Bay auf Feuerland war, gedacht zu haben …, dass ich mein Leben nicht besser anwenden könne, als ein wenig zur Förderung der Naturwissenschaft beizutragen. Das habe ich nach besten Kräften getan, und meine Kritiker mögen sagen, was sie wollen, diese Überzeugung können sie mir nicht zerstören.

Meine »Abstammung des Menschen« erschien im Februar 1871. Sobald ich im Jahre 1837 oder 1838 überzeugt worden war, dass Arten veränderliche Produkte sind, konnte ich die Annahme nicht vermeiden, dass auch der Mensch unter dasselbe Gesetz fallen müsse. Infolgedessen sammelte ich mir zu meiner eigenen Befriedigung und lange Zeit ohne die Absicht, darüber etwas herauszugeben, Notizen, die sich auf den Gegenstand bezogen. Obgleich in der »Entstehung der Arten« nirgends die Abkunft irgendeiner besonderen Art erörtert wird, hielt ich es doch für das beste, damit kein anständiger Mensch mich deshalb angreifen könne, dass ich meine Ansichten verheimlicht hätte, diesem Werke die Bemerkung hinzuzufügen, »es werde auch der Ursprung des Menschen und seine Geschichte beleuchtet werden«. Es würde nutzlos und für den Erfolg des Buches »Über die Entstehung der Arten« schädlich gewesen sein, hätte ich mit meiner Überzeugung betreffs des Ursprungs des Menschen glänzen wollen, ohne irgendwelche Beweise beizubringen.

Mein Buch über den »Ausdruck der Gemütsbewegungen beim Menschen und bei den Tieren« erschien im Jahre 1872. Ich hatte zuerst beabsichtigt, nur ein Kapitel über diesen Gegenstand in der »Abstammung des Menschen« zu schreiben; sobald ich aber anfing, meine Notizen zusammenzustellen, sah ich, dass er eine besondere Abhandlung erforderte.

Mein erstes Kind wurde am 27. Dezember 1839 geboren, und ich fing da sofort an, mir über das erste Dämmern der verschiedenen Ausdrucksformen, die der Knabe darbot, Notizen zu machen; denn selbst schon in dieser frühen Zeit fühlte ich mich überzeugt, dass die allerkompliziertesten und feinsten Schattierungen des Ausdrucks sämtlich einen allmählichen und natürlichen Ursprung gehabt haben müssen. ... Mein Buch wurde gern gekauft; allein 5267 Exemplare wurden am Erscheinungstag verkauft.

Ich habe nun sämtliche Bücher erwähnt, die ich herausgegeben habe; sie sind die Meilensteine in meinem Leben gewesen, so dass nun nur wenig noch zu sagen übrig bleibt. Ich bin mir nicht bewusst, dass in meinem geistigen Zustande während der letzten dreißig Jahre irgendeine Veränderung eingetreten wäre, ausgenommen in einem Punkte, den ich sofort erwähnen werde; in der Tat hätte auch keinerlei Änderung erwartet werden können, wenn es nicht eine allgemeine Abstumpfung gewesen wäre.

Ich habe erwähnt, dass sich meine geistige Stimmung während der letzten zwanzig oder dreißig Jahre in einer Beziehung geändert hat. Bis zu dem Alter von dreißig Jahren oder noch darüber hinaus bereitete mir Poesie verschiedenster Art ... großes Vergnügen, und selbst als Schulknabe erfreute ich mich in hohem Maße an Shakespeare, besonders an seinen historischen Stücken. Ich habe auch angeführt, dass mir früher Gemälde ein beträchtliches und Musik sehr großes Entzücken bereiteten. Jetzt kann ich es schon seit vielen Jahren nicht mehr ertragen, eine Zeile Poesie zu lesen: Ich habe vor Kurzem wieder versucht, Shakespeare zu lesen; ich fand ihn aber so unerträglich langweilig, dass es mich zum Übelsein brachte. Ich habe auch meine Vorliebe für Gemälde und Musik beinahe verloren. Musik veranlasst mich meistens, zu energisch an das zu denken, woran ich gerade arbeite, als dass sie mir Vergnügen bereitete. Ich habe noch etwas Geschmack an schöner Szenerie behalten, sie verursacht mir aber nicht mehr das ausgesuchte Entzücken, wie es früher der Fall war. Auf der anderen Seite sind Romane, die das Werk der Einbildungskraft sind, auch wenn sie nicht allerersten Ranges sind, mir schon jahrelang eine wunderbare Erholung und Freude gewesen, und ich segne oft alle Romanschreiber. Eine überraschend große Zahl ist mir laut vorgelesen worden, und ich habe sie, wenn sie mittelmäßig gut sind und nicht unglücklich enden – wogegen ein Gesetz erlassen werden sollte – sämtlich gern. Ein Roman gehört, meinem Geschmacke nach, nicht zur ersten Klasse, wenn er nicht irgendeine Person enthält, die man durchaus lieben kann; ist dies eine nette Frau, umso besser.

Dieser merkwürdige und beklagenswerte Verlust des höheren ästhetischen Empfindens ist umso eigentümlicher, als Bücher über Geschichte, Biografien und Reisen sowie Essays über Themen aller Art mich noch ebenso lebhaft wie je interessieren. Mein Geist scheint eine Art Maschine geworden zu sein. ... Ein Mensch mit einem Geist, der höher organisiert und besser veranlagt wäre als meiner, würde, wie ich vermute, dies nicht erfahren haben; und wenn ich mein Leben noch einmal zu leben hätte, so würde ich es mir

Heute bezweifelt kaum jemand die Richtigkeit der Lehre von der Entstehung der Arten. Auch die Kirche sieht in der biblischen Schöpfungslehre eine symbolische, gleichnishafte Überlieferung. Darwin hat mehr als jeder andere Naturforscher unser Bewusstsein von uns selbst verändert.

zur Regel machen, wenigstens alle Wochen einmal etwas Poetisches zu lesen und etwas Musik anzuhören; vielleicht würden dann die jetzt atrophierten [zurückgebildeten] Teile meines Gehirns durch Gebrauch tätig erhalten worden sein. Der Verlust der Empfänglichkeit für solche Sachen ist ein Verlust an Glück und dürfte möglicherweise nachteilig für den Intellekt, noch wahrscheinlicher für den moralischen Charakter sein …

Einige meiner Kritiker haben gesagt: »Oh, er ist ein guter Beobachter, aber er besitzt nicht die Fähigkeit, Schlüsse zu ziehen«. Ich glaube nicht, dass dies richtig sein kann, denn die »Entstehung der Arten« ist von Anfang bis Ende nur eine lange Beweisführung, und sie hat auch nicht wenige tüchtige Männer überzeugt. Es hätte niemand schreiben können, der nicht über ein gewisses Maß an Urteilsvermögen verfügt. Ich habe ein ordentliches Teil Erfindungsgabe und gesunden Menschenverstandes oder Urteilsvermögens, so viel wie jeder erfolgreiche Sachwalter oder Arzt besitzen muss, aber, wie ich glaube, in keinem höheren Maße.

Was die günstigere Seite der Waage betrifft, so glaube ich, dass ich der gewöhnlichen Art Menschen darin überlegen bin, dass ich Dinge, die der Aufmerksamkeit leicht entgehen, bemerke und dieselben sorgfältig beobachte. Mein Fleiß im Beobachten und im Sammeln von Tatsachen ist so groß gewesen, wie er nur hat sein können. Was aber von weit größerer Bedeutung ist, meine Liebe zur Naturwissenschaft ist beständig und leidenschaftlich gewesen.

Diese reine Liebe ist indessen bedeutend durch den Ehrgeiz unterstützt worden, von meinen Mitarbeitern auf dem Gebiete der Naturforschung geschätzt zu werden. Von meiner frühen Jugend an habe ich das stärkste Verlangen danach gehabt, das, was ich nur immer beobachtete, zu verstehen oder zu erklären, das heißt, alle Tatsachen unter irgendwelche allgemeinen Gesetze unterzuordnen. Diese Eigenschaften vereint haben mir die Geduld gegeben, für jede beliebige Anzahl von Jahren über irgendein unerklärtes Problem nachzudenken und zu grübeln. Soweit ich es beurteilen kann, folge ich nicht leicht und blind der Führung anderer Menschen. Ich war ständig bestrebt, meinen Geist frei zu erhalten, um jede Hypothese [wissenschaftliche Erklärung], so sehr ich sie auch geliebt haben mochte, aufzugeben, sobald nachgewiesen werden kann, dass ihr Tatsachen widersprechen.

Meine Gewohnheiten sind methodisch, und dies ist für die besondere Richtung meiner Tätigkeit von keinem geringen Nutzen für mich gewesen. Schließlich habe ich noch deshalb reichlich freie Zeit gehabt, weil ich nicht genötigt war, mir meinen Lebensunterhalt zu verdienen. Selbst meine Krankheit hat mich, obgleich sie mir mehrere Jahre meines Lebens geraubt hat, vor den Zerstreuungen der Geselligkeit und der Vergnügungen bewahrt.

Daher ist mein Erfolg als der eines Mannes der Wissenschaft, wie gering oder groß derselbe auch gewesen sein mag, soweit ich es beurteilen kann, durch komplizierte und verschiedenartige geistige Eigenschaften und Zustände bestimmt worden. Von diesen sind die bedeutungsvollsten gewesen: − Liebe zur Wissenschaft − uneingeschränkte Geduld, lange Zeit über irgendeinen Gegenstand nachzudenken − Fleiß beim Beobachten und Sammeln von Tatsachen − und ein ordentliches Maß von Erfindungsgabe wie auch von gesundem Menschenverstande. Bei so mäßigen Fähigkeiten, wie ich sie besitze, ist es wahrhaft überraschend, dass ich die Meinungen von Männern der Wissenschaft über einige bedeutungsvolle Fragen in beträchtlichem Maße beeinflusst habe.

3. August 1876. Diese Skizze meines Lebens habe ich ungefähr am 28. Mai in Hopedene [in Hensleigh Wedgwood Haus in der Grafschaft Surrey] begonnen, und seitdem habe ich fast jeden Nachmittag ungefähr eine Stunde daran geschrieben.

Charles Darwin starb am 19. April 1882 in Down und wurde in der Westminster Abbey in London beigesetzt.

Butler, Samuel (1774-1839). Erzieher und Geistlicher. 1798-1836 Direktor der Shrewsbury School. 1836-39 Bischof von Lichfield und Coventry.

Corfield, Richard Henry (1804-1897). Besuchte 1816-19 die Shrewsbury School. Darwin wohnte 1834 und 1835 in seinem Haus in Valparaiso.

Darwin, Anne Elizabeth (Annie) (1841-1851). Darwins älteste Tochter.

Darwin, Erasmus Alvey (Ras) (1804-1881). Bruder von Darwin. Immatrikulierte sich 1822 am Christ's College in Cambridge. 1825-26 an der Universität von Edinburgh. Examinierter Arzt, der jedoch nie praktizierte. Lebte ab 1829 bis zu seinem Tod in London.

Darwin, Caroline Sarah (1800-1888). Darwins Schwester. Heiratete 1837 Josiah Wedgwood III.

Darwin, Emily Catherine (Catty, Kitty, Katty) 1810-1866. Darwins Schwester. Heiratete 1863 Charles Langdon.

Darwin, Emma (1808-1896). Darwins Frau. Jüngste Tochter von Josiah Wegdwood II.

Darwin, Marianne (1798-1858). Darwins älteste Schwester. Heiratete 1824 Henry Parker.

Dawson, Sir John William (1820-1899). Berühmter kanadischer Geologe und Paläontologe.

Duncan Andrew, der Jüngere (1773-1832). 1821-32 Professor für Materia medica an der Universität Edinburgh.

Fabre, Jean-Henri (1823-1915). Französischer Insektenforscher und einer der Wegbereiter der Verhaltensforschung.

Fitz-Roy, Robert (1805-1865). Seeoffizier, Hydrograph und Meteorologe. 1828-36 Kommandant der HMS Beagle. 1841-43 Parlamentsabgeordneter für Durham. 1843-45 Gouverneur von Neuseeland. 1854 Leiter der meteorologischen Abteilung des Handelsministeriums.

Forbes, Edward (1815-1854). Zoologe, Botaniker und Paläontologe. 1842 Professor für Botanik am King's College in London und Kurator des Museums der Geological Society. 1844-54 Paläontologe des Geological Survey. 1854 Professor für Naturgeschichte an der Universität Edinburgh.

Henslow, John Stevens (1796-1861). Geistlicher, Botaniker und Mineraloge. 1825-61 Professor für Botanik, Cambridge University. Rektor von Hitcham, Suffolk 1837-61. Darwins Lehrer und Freund.

Herschel, John Frederick William (1792-1871). Astronom, Mathematiker, Chemiker und Philosoph. 1850-55 Leiter der königlichen Münze.

Hooker, William Jackson (1785-1865). Botaniker. Gründete 1841 die Royal Botanical Gardens und war erster Direktor. Vater von Joseph Dalton Hooker.

Hope, Thomas Charles (1766-1844). 1799-1843 Professor für Chemie an der Universität Edinburgh.

Huxley, Thomas Henry (1825-1895). 1846-50 stellvertretender Schiffsarzt auf der HMS Rattlesnake. In dieser Zeit beschäftigte er sich mit wirbellosen Meerestieren. 1854 Dozent für Naturgeschichte an der Royal School of Mines; 1857 Professor. 1855 Naturforscher bei der Geological Society of Great Britain. 1863-67 Fuller-Professur für Physiologie, Royal Institution. 1863-69 Hunter-Professur für vergleichende Anatomie am Royal College of Surgeons.

Jenyns, Leonard (1800-1893). Naturforscher und Geistlicher. Schwager von John Stevens Henslow. 1828-49 Vikar von Swaffham Bulbeck, Cambridgeshire. Beschrieb die Fische von der Reise auf der Beagle.

Lamarck, Jean Baptiste Pierre Antoine de Monet de (1744-1829). 1793 Professor für Zoologie, Muséum d'Histoire Naturelle, Paris. Er entwickelte eine eigene Evolutionstheorie, die annimmt, dass einzelne Lebewesen zum Beispiel durch intensiven Gebrauch oder Nichtgebrauch eines Organs neue Eigenschaften erwerben und diese an die Nachkommen vererben können.

Lyell, Charles (1797-1875). Geologe, Anhänger des Uniformitätsprinzips oder Aktualismus, dessen *Principles of geology* (1830-33) und *Elements of geology* (1838) in zahlreichen Auflagen erschien. Reiste viel und veröffentlichte Berichte seiner Reisen in die Vereinigten Staaten von Amerika. Wissenschaftlicher Mentor und Freund von Darwin.

Miller, William Hallowes (1801-1880). Britischer Mineraloge und Kristallograph, Professor in Cambridge.

Monro, Alexander Tertius (1773-1859). Anatomist. 1817-46. Professor für Medizin, Chirurgie und Anatomie an der Universität Edinburgh.

Murchison, Sir Roderick Impey (1792-1871), Direktor des Geological Survey of Great Britain. Bedeutender britischer Geologe, der sich vor allem mit den frühen Erdzeitaltern befasste.

Murray, John (1808-1892). Ab 1845 Darwins Verleger.

Owen, Richard (1804-1892), Anatom, Biologe und Paläontologe, Anhänger von Lamarck und Gegner der Darwinschen Selektionstheorie.

Sedgwick, Adam (1785-1873). Geologe und Geistlicher. 1818-73 Woodwardian Professor für Geologie an der Universität Cambridge. 1834-73 Domherr von Norwich.

Spencer, Herbert (1820-1903). Schriftsteller. 1837-41, 1844-46 Eisenbahningenieur. 1848-53 Mitherausgeber des *Economist*. Autor von Aufsätzen über die Evolution und zahlreichen Werken über Philosophie und Sozialwissenschaften.

Wallace, Alfred Russel (1823-1913). 1848-52 Sammler im Amazonasgebiet; 1854-62 im malaiischen Archipel. Erstellte 1858 unabhängig von Darwin eine Theorie der natürlichen Selektion.

Wedgwood, Hensleigh (1803-1891). Emma Darwins Bruder. Philologe und Rechtsanwalt. 1832-37 Beamter der Städtischen Polizei, Lambeth.

Wedgwood, Josiah II. (Onkel Jos) (1769-1843). Maer Hall, Staffordshire. Töpfermeister aus Etruria. 1832-34 Whig-Parlamentsabgeordneter für Stoke-on-Trent. Emma Darwins Vater.

Wedgwood, Josiah III. (1795-1880). Bis zu seinem Umzug nach Leigh Hill Place, Surrey, 1841 Teilhaber der Wedgwood-Töpferwerkstatt. Emma Darwins Bruder. Heiratete 1837 Caroline Sarah Darwin.

Wilberforce, Samuel (1805-1873), entschiedener Gegner der Darwinschen Evolutionstheorie. Im Juni 1860 kam es während einer Sitzung der British Association for the Advancement of Science zu einer berühmten Debatte zwischen dem Evolutionsbefürworter Thomas Huxley und dem Evolutionsgegner Samuel Wilberforce an der Universität Cambridge (die Huxley-Wilberforce-Debatte).

Wollaston, Thomas Vernon (1822-1878). Entomologe und Conchologe. Verbrachte viele Winter mit dem Sammeln von Insekten und Muscheln in Madeira.

Quellen

Charles Darwin − Erinnerungen an die Entwicklung meines Geistes und Charakters (Autobiographie) 1876-1881. Tagebuch des Lebens und Schaffens (Journal) 1838-1881. Francis Darwin − Erinnerungen aus meines Vaters täglichem Leben 1887, Köln: Aulis Verlag, Deubner & Co. KG 1982.

Charles Darwin − Die Entstehung der Arten durch natürliche Zuchtwahl. Übersetzung von Carl W. Neumann, Nachwort von Gerhard Heberer, Stuttgart: Philipp Reclam jun. Stuttgart. 1963, Nachdruck 2007. Der Abdruck der Texte erfolgt mit freundlicher Genehmigung des Reclam-Verlags.

Charles Darwin − Reise eines Naturforschers um die Welt. Bearbeitet von Dr. Irma Bühler nach der Ausgabe von 1875 in der Übersetzung von J. Victor Carus, Frankfurt/Main: Societätsverlag. (Lizenzausgabe des S. Fischer Verlages, Frankfurt a.M.). o. J.

Charles Darwin − Nichts ist beständiger als der Wandel. Briefe 1822-1859, hg. v. Frederick Burckhardt. Mit einem Vorwort von Stephen Jay Gould. Aus dem Englischen von Ursula Gräfe, Frankfurt/Main: Insel Verlag 2008.

Inhalt

VI